スピーキング・テストはなぜ、東京都の生徒の英語力を向上させているのか?

東京都教育庁教育監

育鵬社

はじめに

「英語で自由に会話をしてみたい」「英会話ができるようになりたい」

多くの日本人がそう思っているからこそ、英語力の足りないことへのコンプレックスは根深い。「学校で6年間（中学校、高校の場合）も勉強しているのに、英語を喋れないのは、学校での教え方が悪いから」との批判は、長年に亘って続いている。

日本における学校教育において、入試の存在がもつ影響は大きい。視野を転じて、日本国内外で広く行われている英語資格・検定試験を見てみると、英検、GTEC®、TOEFL iBT®、TOEIC®S&W、IELTS®など、試験の内容は、スピーキングを含むいわゆる四技能（聞く力・読む力・話す力・書く力）を問うものが世界標準である。その一方で、日本の英語教育は長らく読む力に偏重してきた。この特異な英語教育と、その延長上にある「日本式ガラパゴス入試」をなんとかして変革しなくてはという意識は、英語教育の専門家のみならず、広く学校教育に携わる者の共通認識である。そしてこれは恐らく多くの人にも共有してもらえるであろう。

課題を認識していても、変革を実現するのは難しい。そのなかで「ガラパゴス入試」の改革が具体的な施策のかたちになったのが、国が主導した2020年に向けた大学入試改革であった。しかし、おもに「格差」「不公平」という

教育社会学領域での批判と、何より最終局面での高校現場の反対により、共通テストへの資格・検定試験を活用した英語四技能試験導入は頓挫した。

同時期に、東京都教育委員会も都立高校入試の改革に着手していた。英語スピーキング・テスト導入に向け、平成25（2013）年に検討を開始し、平成31（2019）年2月に都立高校入試への活用を公表した。検討開始から約10年に亘って準備を進め、令和4（2022）年度の入試（令和5〔2023〕年度の高校新入生）で、都独自の「スピーキング・テスト（ESAT-J:English Speaking Achievement Test for Junior High School Students）」の結果を反映させた合格者選抜を行った。これにより、英語四技能の評価に基づく入試制度がようやく実現した。翌年令和5（2023）年度入試でも実施され、令和6（2024）年度以降は、英国政府機関ブリティッシュ・カウンシルと共同で実施している。

そして、入試での活用が行われた3年間、受験を希望するすべての生徒に受験機会を提供し、評価を行い、結果返却を完了させている。

東京都におけるスピーキング・テストの導入は「話すこと」について客観的に評価することにより、中学・高校における英語授業の改善につなげるとともに、中高での一貫した四技能の育成を実現することをめざすものである。これは、国の英語教育改革・大学入試制度改革の理念と軌を一とし、「使える英語力」を育成するという国家的な教育

の課題に対して、東京都の学校、教員、区市町村教育委員会など、多くの関係者や、英語教育の専門家たちが正面から向き合い、東京都教育委員会教育委員の方々の一貫した支持のもと、長期に亘って議論し取り組んできた挑戦であった。

　その結果は現れてきている。詳細は第六章で述べるが、毎年、文部科学省が実施している「英語教育実施状況調査」によれば、国が目標としている英検3級相当に達する東京都の公立の中学生の割合は年々上昇しており、全国平均を大きく上回るだけでなく、全国平均との差は令和4（2022）年のスピーキング・テストの導入以降、年を追って拡大している（図表1）。

図表1　英検3級以上の英語力をもつ東京都の中学生の割合

	令和3年	令和4年	令和5年
東京都	54.4	59.5	60.7
全国	47.0	49.2	50.0
全国との差	7.4	10.3	10.7

出典：東京都教育委員会及び文部科学省公表資料に基づき作成

　また、令和5（2023）年4月に実施された「全国学力・学習状況調査」では、中学三年生の英語（「聞くこと」「読むこと」「書くこと」）の平均正答率は、全国が46.1％に対して東京は52％、「話すこと」については、抽出参考値な

4

がら全国12.4％に対して東京は16.4％と、大きな差となっている。これは、中学校で、スピーキングを含む英語四技能を伸ばすための指導が定着し、生徒の英語力の向上に表れていると言える。

　本書では、都教育委員会の実務者として、英語教育に関する政策立案、決定、実施に携わった立場から、スピーキング・テストの導入に至る背景や過程、テストの仕組み、実施の状況などを振り返り、日本における英語教育改革の実現に向け、多くの関係者の取り組みにより実現した英語スピーキング・テスト（ESAT-J）実現までの軌跡と、それに込められた関係者の思いを記していく。また、高校入試で活用された3年間のテストの結果や、中学校・高校での英語教育へのインパクトについて、根拠に基づき考察していく。

　まず第一部として、「英語力と学校・入試」について述べる。第一章では、日本人にとっての英語の意味について、また国際比較により、これまでの日本の低調な英語力について、データで確認しながらその要因を考察する。
　第二章では、一方で若い世代、中高生の英語力は、近年の学校での英語教育の変容により上昇してきている状況を確認する。そのうえで、なぜ高校入試でスピーキング・テストを導入する必要があるのかを述べる。

第二部では「東京都のスピーキング・テストとは」とし、文字通り東京都で導入したスピーキング・テストについて述べる。第三章では、都教育委員会の目指す英語教育とその実現に向けた施策全体を見る。そのなかで、スピーキング・テストの位置づけやテスト導入に至るまでの経緯について、テストに関する検討から決定、実施までの道のりを述べる。

　第四章では、都独自のスピーキング・テスト「ESAT-J」とはどのようなものなのかについて、実際のテスト問題などを紹介しながら概要を述べる。

　第五章では、ESAT-Jの基本的な成り立ちや特徴について、より詳細に説明する。

　第三部では「スピーキング・テストのインパクト」について述べる。第六章では、ESAT-Jの都立高校入試での活用が始まって以来3年間の結果を確認し、東京都の中高生の英語力が加速度的に向上していることをデータから確認する。

　さらにESAT-J導入によるインパクトについて、第七章では中学校を所管する区市町村教育委員会による変化の認識の報告、第八章では中学校校長や英語教員による変化の認識を紹介する。

　最後に第四部では「入試改革を取り巻く様相」について述べる。第九章では、同時期に大学入試改革を進めていた

国の取り組みが中止になった経緯について、文部科学省による検証を確認し、その結果について考察する。そのうえで、都教育委員会による都立高校入試改革と比較しながら、目的を共有している点やスキームの違いによる影響などについて考察する。

　最後に第十章では、一部の都議会議員や学者などにより行われた論争について、論点を整理したうえで真相を述べる。

　スピーキング力の向上は、英語教育に携わる者にとっても、そして何より英語を学ぶすべての学習者にとっても、避けて通れないチャレンジングな問題である。

　本書が、東京都の取り組みへの理解の一助となり、中学・高校での英語教育の在り方とその具体的取り組みを考察する資料となるとともに、今後の日本における英語教育改革の基盤となる議論の枠組みを提供することを期待する。

令和7（2025）年4月　　　　　　　　　　　　瀧沢佳宏

はじめに

第一部
英語力と学校・入試

第一章　**日本人にとっての英語**　　　　　15

● **英語のもつ意味**　16
● **日本人の英語力**　20
● **日本人にとってのハードル**　23
● **学校教育の責務**　26

第二章　**生徒の英語力と、
学校での英語教育の現在地**　　　31

● **中学生・高校生の英語力**　32
● **英語授業の目指す方向**　36
● **中学校・高校の英語授業の実際**　37
● **教員の英語力**　41
● **授業での英語力の評価**　42
● **高校入試での活用の必要性**　44
● **ガラパゴス入試からの脱却**　45

第二部
東京都のスピーキング・テストとは

第三章 | **スピーキング・テスト 導入までの道のり** 　　51

- **都教育委員会の目指す英語教育と グローバル人材育成モデルとは** 　52
- **英語力育成に向けた取り組み** 　55

  小学校での外国語教育

  中学校での少人数・習熟度別指導

  中学校全学年でのスピーキング・テストの実施

  高校でのJETプログラムによる外国人指導者の配置

  高校でのオンライン英会話の実施

  英語を使ったイベントやプログラムの実施

  体験型英語学習施設

  「TOKYO GLOBAL GATEWAY」の設置

  教員の海外派遣研修の実施

- **スピーキング・テスト導入の検討** 　58
- **都立高校入試への活用方法** 　61

第四章 | **東京都のスピーキング・テスト （ESAT-J）とは** 　　65

- **「スピーキング・テスト（ESAT-J）」＝ 東京都独自の英語スピーキング・テスト** 　66
- **テストの仕組み** 　67
- **テスト問題** 　68
- **評価** 　75

- ●採点　83
- ●都立高校入試への活用　83
- ●ESAT-J YEAR 1、YEAR 2の実施　87

第五章 スピーキング・テスト（ESAT-J）の基本的成り立ちや特徴　91

- ●基本スキーム①
  「達成度を見る『絶対評価』の試験」　92
- ●基本スキーム②
  「都内公立中学校全生徒を対象（11月実施）」　95
- ●基本スキーム③
  「学習指導要領に基づいた都独自の出題内容」　95
- ●基本スキーム④
  「民間の資格・検定試験実施団体の活用」　96
- ●基本スキーム⑤
  「入試に活用する試験を一本化」　97
- ●基本スキーム⑥
  「受験費用は無償、
  都内200会場以上で実施し、機会を公平化」　98
- ●基本スキーム⑦
  「専用タブレットで解答を録音する方法で、
  公平・公正な採点を担保」　99
- ●受験上の配慮事項　100
- ●スピーキング・テスト特有の事象への対応　101
- ●ESAT-Jの説明動画　103
- ●ESAT-Jにつながる学習の紹介　104

第三部
スピーキング・テストのインパクト

第六章 | ## スピーキング・テスト（ESAT-J）
導入後の経過　　107

- スピーキング・テスト（ESAT-J）3年間の結果　108
- 英語力の向上　113
- 試験実施・運営に関する都教育委員会と
  事業者の対応　118
- 試験実施の運営に関する今後の改善事項　121

第七章 | ## スピーキング・テスト（ESAT-J）
実施のインパクト:中学校　　125

- 「英語教育実施状況調査」結果に基づく分析　126
- 中学校校長による分析　130
- 中学校や高校の英語教員による分析　134

第八章 | ## スピーキング・テスト（ESAT-J）
実施のインパクト:地区教育委員会　137

- 地区教育委員会の取り組み　138
- 墨田区教育委員会の事例　138
- 福生市教育委員会の事例　144
- 府中市教育委員会の事例　150
- 相乗効果による英語力の向上　154

第四部
入試改革を取り巻く様相

第九章 ## 2020大学入試改革との符合　157

- 大学入試改革と高校入試改革　158
- 英語教育改革の必要性とは　159
- 大学入試制度の変遷　162
- 大学入試改革＝高大接続改革の必要性とは　163
- 新制度の進行と暗転　166
- 改革の頓挫　169
- 文部科学省による総括　171
- 改革中止についての考察　173
- 国の改革中止の影響　174
- 大学英語入試改革と
  都立高校英語入試改革の関連性　176

第十章 ## 論争の真相　179

- 民間事業者との共同実施への懸念　180
- 採点、評価　181
- 格差助長の可能性　182
- 英語の授業や進路指導のスケジュールへの影響　184
- 音漏れの発生　184
- 試験実施日の運営　185
- 受験できなかった生徒への措置　186
- 情報公開の範囲　188
- 英語教育の土俵で、建設的な議論を　189

付　録 | **スピーキングの力を
伸ばすためのTIPS**　193

- **英語、恐るるに足らず**　194
- **日本語に比べれば**　194
- **大切なことは**　195
- **スピーキング学習方法紹介**　198

**おわりに
日本の英語教育改革につながる議論へ**　202

参考文献　206

第一部
英語力と学校・入試

第一章 | 日本人にとっての英語

●英語のもつ意味

なぜ英語を学ぶのか。

それは、現在世界で、英語が共通語として最も広く用いられており、学習するメリットが大きいから、あるいは習得する必要性が高いから、であろう。

図表1　世界で話されている言語

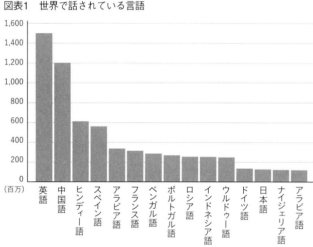

出典：Ethnologue ©Statista 2020を基に作成

英語は世界中で約15億人により話されており、言語別で最も多い（図表1）。また、ウェブサイトのコンテンツの約五割で英語が使用されており、その割合は圧倒的である（図表2）。世界で最も影響力のある言語であり、今後もその状況は続くと見られる（図表3）。

図表2　ウェブサイト上で使用されている言語

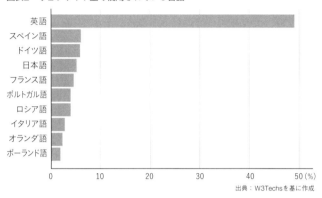

出典：W3Techsを基に作成

図表3-1　世界で影響力のある言語は英語

順位	スコア（＝言語影響力指数：右5項目の観点から言語の影響力を測ったもの）	言語	母語とする人数（百万人）	地理的要因（順位）	経済的要因（順位）	コミュニケーション上の要因（順位）	知識・メディア（順位）	外交（順位）
1	0.889	英語	446	1	1	1	1	1
2	0.411	中国語	960	6	2	2	3	6
3	0.337	フランス語	80	2	6	5	5	1
4	0.329	スペイン語	470	3	5	3	7	3
5	0.273	アラビア語	295	4	9	6	18	4
6	0.244	ロシア語	150	5	12	10	9	5
7	0.191	ドイツ語	93	8	3	7	7	8
8	0.133	日本語	125	27	4	22	6	7
9	0.119	ポルトガル語	215	7	19	13	12	9
10	0.117	ヒンディー語	310	13	16	8	2	10

＊右5項目については次頁3-2中Aを参照

図表3-2　世界で影響力のある言語は英語（予測）

順位	スコア	言語
	2050年	
1	0.877	英語
2	0.515	中国語
3	0.345	スペイン語
4	0.325	フランス語
5	0.295	アラビア語
6	0.242	ロシア語
7	0.155	ドイツ語
8	0.149	ポルトガル語
9	0.138	ヒンディー語
10	0.110	日本語

A：言語によってもたらされる機会の5項目
1. 地理：移動する能力
2. 経済：経済に参加する能力
3. コミュニケーション：対話する能力
4. 知識とメディア：知識とメディアを消費する能力
5. 外交：国際関係に関わる能力

出典：Kai L.Chan,PhD"POWER Language INDEXを基に作成

図表4-1　ビジネスパーソンに重要な知識は英語

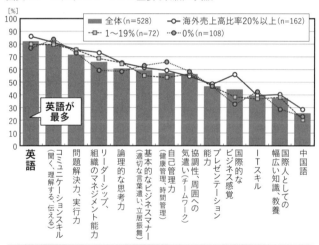

今後のビジネスパーソンにとって重要な知識やスキルについて、回答企業の82.6％が「英語」を選択。続く、「コミュニケーションスキル（聞く、理解する、伝える）」と並び、多くの企業で重要視されていることが分かった。

図表4-2　企業が目標とする英語スキルの水準は？　　折れ線の凡例はP18と同じ

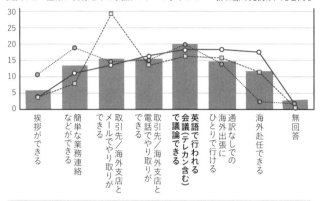

企業における英語スキルの目標水準は、回答企業全体では「英語で行われる会議（テレカンを含む）で議論できる」（19.9％）が最も多い結果となった。
海外売上高比率別で見ると、「海外売上1～19％」の企業で「取引先／海外支店とメールでやり取りができる」が突出（29.2％）。また、「海外売上20％以上」の企業では、「英語で行われる会議（テレカンを含む）で議論できる」に加え、「通訳なしでの海外出張にひとりで行ける」「海外赴任できる」といった、より高度なスキルが目標となっていることが分かった。

出典：一般社団法人国際ビジネスコミュニケーション協会「英語活用実態調査
企業・団体　ビジネスパーソン」（2019）を基に作成

　また、英語を母語とするネイティブ・スピーカーは約4億5000万人であること（図表3-1）から考えると、母語ではないノン・ネイティブ・スピーカーが10億5000万人いることになる。英語の話者のうち、ネイティブ・スピーカーは約30％、約70％はノン・ネイティブ・スピーカーであることは着目すべき事実である。
　日本人にとっての必要性はどうか。社会人になってからの必要性を見るデータとして、企業がビジネスパーソンにどのような知識やスキルを求めているか、アンケート結果

を見てみる（図表4-1、図表4-2）。

　アンケートに回答した企業のうち、最も多くの企業が「今後のビジネスパーソンにとって重要な知識やスキル」として、『英語』を選択しており、その割合は約83％になる。そして、目標とする英語スキルの水準として、「英語で行われる会議で議論できる」と考えていることが分かる。

●日本人の英語力

　このような状況のもと、日本人の英語力は国際的に見たときにどの程度なのか。国民の英語力を国際比較するのは難しいが、参考として、世界で実施されている資格・検定試験の結果を見てみる。

　図表5、図表6は、TOEFL iBT® の四技能合計スコアの平均を表したものである。残念ながら日本は、OECD[※1]加盟国の中でも、アジアの国々の中でも、極めて低い順位に沈む（各国における受験者数や受験者層は異なるため、スコア差が各国における英語能力差をそのまま表しているわけではないことに注意）。

　日本で受験者が多い TOEIC® で比較しても、状況は同じである（図表7、8）。L（リスニング）、R（リーディング）、S（スピーキング）、W（ライティング）の四技能ともスコアが低く、CEFR B1[※2]（英検2級程度）に届かない。

　ところで、英語以外の学力はどうか。OECD が進めている PISA[※3] と呼ばれる国際的な学習到達度に関する調査の結果を見てみる（図表9）。

図表5　TOEFL iBT®の合計スコア平均（OECD加盟国）

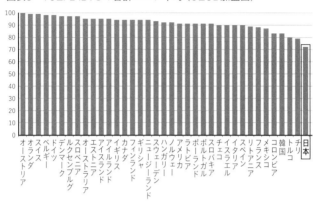

※各国の受検者数は非公表

出典：TOEFL iBT® Test and Score Data Summary 2019を基に大学振興課で作成

図表6　TOEFL iBT®の合計スコア平均（アジア）

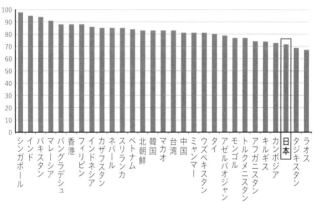

※各国の受験者数は非公表

出典：TOEFL iBT10® Test and Score Data Summary 2019を基に大学振興課で作成

第一章　日本人にとっての英語 | 21

図表7　TOEIC® Listening & Reading Test スコア平均

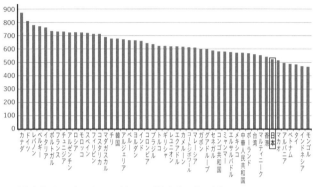

※受検者数が500名以上の国（各国の受験者数は非公表）
出典：2019 Report on Test Takers Worldwide:TOEIC Listening & Reading Test を基に文部科学省大学振興課で作成

図表8　TOEIC® Speaking TestとWriting Testのスコア平均

●TOEIC® Speaking Test のスコア平均

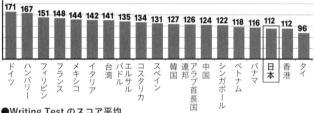

●Writing Test のスコア平均

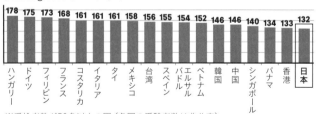

※受検者数が50名以上の国（各国の受験者数は非公表）
出典：2019 Report on Test Takers Worldwide:TOEIC Speaking & Writing Test を基に文部科学省大学振興課で作成

図表9　PISA2022年調査の国際比較（三分野の結果一覧）

	数学的リテラシー	平均得点	読解力	平均得点	科学的リテラシー	平均得点
1	シンガポール	575	シンガポール	543	シンガポール	561
2	マカオ	552	アイルランド*	516	日本	547
3	台湾	547	日本	516	マカオ	543
4	香港*	540	韓国	515	台湾	537
5	日本	536	台湾	515	韓国	528
6	韓国	527	エストニア	511	エストニア	526
7	エストニア	510	マカオ	510	香港*	520
8	スイス	508	カナダ*	507	カナダ*	515
9	カナダ*	497	アメリカ*	504	フィンランド	511
10	オランダ*	493	ニュージーランド*	501	オーストラリア*	507

※＊が付されている国・地域は、PISAサンプリング基準をひとつ以上満たしていないことを示す。

出典：文部科学省・国立教育政策研究所「OECD生徒の学習到達度調査　PISA2022のポイント」
（令和5〔2023〕年12月5日）

　試験結果の国際比較を見ると、読解リテラシー、数学的リテラシー、科学的リテラシーの三分野とも、トップクラスの平均スコアを上げている。日本の子供たちの学力は、国際比較でも高いこと分かるが、それ故、英語力の低さが一段と際立つ。

●日本人にとってのハードル

　なぜ、日本人の英語力は低いというデータが出るのか。

　前提として、資格検定試験の平均スコアによる国際比較の妥当性について、留意しておく必要がある。

　試験の結果は、当然「受験者」の平均であり、受験者

第一章　日本人にとっての英語　23

個々のもつ背景は国によって異なることが考えられる。例えば、アジア諸国でTOEFL iBT®のスコアが80を超えているが、80は英検で言えば準1級から1級程度と、相当なレベルである。TOEFL iBT®は、おもにアメリカの大学・大学院に進学する際に必要とされることが多く、アメリカなどへの進学希望の有無や可能性・必要性が、結果に影響を及ぼしている可能性が高い。また、受験者の規模（人数）や人口に占める割合も、国により大きく異なるだろう。

　これらの検定試験の結果は、受験する層が、もとより国外への留学や、自国内であっても大学への進学に英語が必要（大学での授業が英語で行われるため）な人々であることから、これらの結果は、広く国民の平均的な英語力の指標として採用するのは適切とは言えない。このような背景を理解したうえで、日本人の英語力について考えることが必要であろう。

　さて、日本人の英語力については、日本特有の環境による要因が大きく影響していることが考えられる。

　まず、言語そのもののもつ特性、言語の類似性である。世界には約7000の言語があると言われ、言語学上、言語の類似性、その歴史や特徴に基づく種類や関係性が研究されている。例えば、英語とドイツ語は同じ語族に属していて、語彙や文法、発音に多くの類似性が認められる。そのほかの言語の比較でも、似ているもの、似ていないもの等の特徴が確認できる。

英語と日本語は、その距離がもっとも離れた言語とされる。語彙、文法、発音が大きく異なるうえ、そもそもまったく違う文字を使う。日本語には基本母音が五つしかないが、英語には20以上の母音があるとされ、日本語にはない子音が多数ある。このような言語的特徴は、言語習得に大きな影響を与えることとなる。

　次に、英語がESL（English as a Second Language）として使われるのか、EFL（English as a Foreign Language）として使われるのかの違いも、決定的な違いとして作用する。
　ESLの環境とは、教育やビジネス、行政機関等で、英語が重要な役割をもっている国々や、日常生活に英語が必要な環境（移民など）において使われる英語である。ヨーロッパの国々では、日常的に複数の言語を使う人が相当数いるし、多民族国家で多くの言語が使用されているため、国内での共通語として英語を使用する国々もある。これらの環境では、第二言語として英語を学び、使用することになる。
　これに対し、EFLの環境とは、英語が国内のコミュニケーション手段として使われる機会が限定的な国々で、教室等の限られた環境において使われる英語である。日本はEFLの環境であり、多数の人にとって、日常生活で英語を使う場面、状況、目的が限られる環境のもとで英語を学ぶことになる。

さらに、英語学習の動機や目的も異なることが考えられる。これらの違いは、目標とするレベルや技能（例えば、リーディングか、スピーキングか等）の力点にも大きな影響を与える。自国内の大学や研究機関で、授業が英語で行われているため、高等教育を受けるために英語が必要となる国もある。あるいは希望の職業に就くために英語力やその証明が必要な国もある。このような国々に住む人々にとっての英語習得の必要性、意欲、努力は、日本のそれと大きく異なるだろう。

●学校教育の責務

　このように、日本人の英語力が、環境の違いがもたらす影響を受けている結果だとする分析は、一定程度事実であろう。それにしても、学校教育において、小学校で外国語活動を含め4年、中学校3年、高校3年の合計10年間という時間と労力、費用をかけて英語学習に取り組んでいるにもかかわらず、社会人になってから役に立たないのだとすれば、生産性の低いことを子供たちに強いているとの批判は免れない。

　社会の急激な変化は止まらない。経済・社会をはじめ、あらゆる分野や場面でグローバル化が進み、ヒト・モノ・カネ・情報の流動性が増し国境を超えるなど、世界は加速度的に変化を続けている。このような社会を自ら切り拓き、世界を舞台に活躍できるグローバル人材の育成は、さらに重要性を増している。

「世界を舞台に活躍する」とは、海外に渡航する一部の人にのみ当てはまることではない。東京をはじめとする大都市や日本各地に多くの外国人が訪れ、またともに生活しているのは、もはや日常風景である。多くの大学のキャンパスを訪れれば、学生たちが英語をはじめとする多言語で会話している様子が見られる。専攻する授業が英語で行われるのも一般的になっている。オンラインでのミーティングは当たり前になった。仕事で外国人の相手と打ち合せをする機会が増えるにとどまらず、企業では世界中の若者を対象とした採用が拡大している。インバウンドの訪日外国人の急増は、多くの職種でビジネスチャンスを拡大する機会につながっている。

　いまの子供たちが生きるこれからの社会は、国内外を問わず、仕事、学び、地域コミュニティなどあらゆる場面で、外国人とのコミュニケーションや協働が必要になる。
「世界で活躍する」とは、海外で活躍することを意味しない。日本自体が、日常が、グローバルな舞台になるのである。
　このようななか、コミュニケーションの基盤となる英語のもつ意味や価値は、かつて日本人が共有してきたものとは異なる。グローバル社会で逞しく生きていくために、子供たちが英語によるコミュニケーション能力を身につけることは、子供たち本人、そして保護者の願いであり、それに応えるのは、英語教育に携わる者の責務であると言える。

第一章　日本人にとっての英語　27

図表10 外国語の学習・教授・評価のための
　　　　ヨーロッパ言語共通参照枠（CEFR）

段階	CEFR	能力レベル別に「何ができるか」を示した熟達度一覧
熟達した言語使用者	C2	聞いたり読んだりした、ほぼ全てのものを容易に理解することができる。いろいろな話し言葉や書き言葉から得た情報をまとめ、根拠も論点も一貫した方法で再構築できる。自然に、流暢かつ正確に自己表現ができる。
	C1	いろいろな種類の高度な内容のかなり長い文章を理解して、含意を把握できる。言葉を探しているという印象を与えずに、流暢に、また自然に自己表現ができる。社会生活を営むため、また学問上や職業上の目的で、言葉を柔軟かつ効果的に用いることができる。複雑な話題について明確で、しっかりとした構成の詳細な文章を作ることができる。
自立した言語使用者	B2	自分の専門分野の技術的な議論も含めて、抽象的な話題でも具体的な話題でも、複雑な文章の主要な内容を理解できる。母語話者とはお互いに緊張しないで普通にやり取りができるくらい流暢かつ自然である。幅広い話題について、明確で詳細な文章を作ることができる。
	B1	仕事、学校、娯楽などで普段出合うような身近な話題について、標準的な話し方であれば、主要な点を理解できる。その言葉が話されている地域にいるときに起こりそうな、たいていの事態に対処することができる。身近な話題や個人的に関心のある話題について、筋の通った簡単な文章を作ることができる。
基礎段階の言語使用者	A2	ごく基本的な個人情報や家族情報、買い物、地元の地理、仕事など、直接的関係がある領域に関しては、文やよく使われる表現が理解できる。簡単で日常的な範囲なら、身近で日常の事柄について、単純で直接的な情報交換に応じることができる。
	A1	具体的な欲求を満足させるための、よく使われる日常的表現と基本的な言い回しは理解し、用いることができる。自分や他人を紹介することができ、住んでいるところや、誰と知り合いであるか、持ち物などの個人的情報について、質問をしたり、答えたりすることができる。もし、相手がゆっくり、はっきりと話して、助けが得られるならば、簡単なやり取りをすることができる。

出典：British Council HP

図表11　大学入試英語成績提供システム参加予定の資格・
　　　　検定試験とCEFRとの対照表

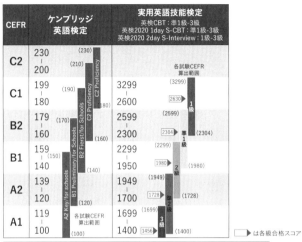

※括弧内の数値は、各試験におけるCFERとの対象関係として測定できる能力の範囲の上限と下限
出典：文部科学省作成「各資格・検定試験とCEFRとの対照表（平成30年3月）」より令和元年8月作成

※ 表中の数値は各資格・検定試験の定める試験結果のスコアを指す。スコアの記載がない欄は、各資格・検定試験において当該欄に対応する能力を有していると認定できないことを意味する。

※ ケンブリッジ英語検定、実用英語技能検定及びGTECは複数の試験から構成されており、それぞれの試験がCEFRとの対照関係として測定できる能力の範囲が定められている。当該範囲を下回った場合にはCEFRの判定が行われず、当該範囲を上回った場合には当該範囲の上限に位置付けられているCEFRの判定が行われる。

※ 障害等のある受験生について、一部技能を免除する場合等があるが、そうした場合のCEFRとの対照関係については、各資格・検定試験実施主体において公表予定。

※ 実用英語技能検定における「英検2020 2days S-Interview」については、合理的配慮が必要な障害等のある受験者のみを対象としている。「英検-CBT」については、準1級も参加試験として追加（2019年8月23日）。

※ TOEIC® Listening & Reading Test及びTOEIC® Speaking & Writing Tests（一般財団法人国際ビジネスコミュニケーション協会）は2019年7月2日に参加申込みを取り下げたため、記載していない。

註

※1 OECD（Organisation for Economic Co-operation and Development）
ヨーロッパ諸国を中心に日・米を含め38ヶ国の先進国が加盟する国際機関。国際マクロ経済動向、貿易、開発援助といった分野に加え、持続可能な開発、ガバナンスといった分野についても、加盟国間の分析・検討を行っている。

※2 CEFR（Common European Framework of Reference for Languages）：ヨーロッパ言語共通参照枠
言語の枠や国境を越えて、外国語の運用能力を同一の基準で測ることができる国際標準。文部科学省は、主要な英語資格・検定試験の級やスコアとCEFRとの対照表を示している（図表10、図表11）。

※3 PISA（Programme for International Student Assessment）
OECDが進めている国際的な学習到達度に関する調査。15歳児を対象に、読解リテラシー、数学的リテラシー、科学的リテラシーの三分野について、3年ごとに調査を実施している。

第二章 | 生徒の英語力と、
学校での英語教育の現在地

第一章では、おもに大学生や成人の英語力について、国際比較を材料に考察してみた。それでは、英語力を育む場である学校での英語教育は、一体どうなっているのか。前章で見た厳しいデータに対して、国、教育委員会、学校はどのように取り組んでいるのか。

　本章では、「現在の中学生・高校生」の英語力について、そして「学校」での英語教育の状況について、焦点を当てて述べていきたい。前章とは異なるデータの引用と分析により、違った視点からの状況が見えてくるはずである。そしてその状況が見えれば「なぜ、入試にスピーキングを導入する必要があるのか」という英語教育にかかる本質的な議論の土俵が共有できると考えるからである。

●中学生・高校生の英語力

　まず、現在の中学生・高校生の英語力について、考察してみる。

　あえて「現在の中学生・高校生」の「学校」での教育の状況としたのは、前章でも触れたように、メディア等で報じられる国際比較は、その解釈にあたって十分な考察が必要であるとの前提を踏まえたいからである。

　毎年、文部科学省が実施している「英語教育実施状況調査」の結果を用いて確認してみたい。この調査は、英語教育改善のための具体的な施策の現状について調査し、今後の国の施策の検討に資するとともに、都道府県や市区町村教育委員、そして各学校における英語教育の充実や改善

に役立てるために、毎年実施されている。

「令和5年度英語教育実施状況調査」

○調査対象

　各都道府県・市区町村教育委員会及び全ての<u>公立小学校、中学校、高等学校（義務教育学校、中等教育学校を含む）</u>

　※調査学校数：小学校：1万8560校、中学校：9165校、

　　高等学校：3256校（合計3986学科）そのうち普

　　通科：2205学科、英語教育を主とする学科及び

　　国際関係に関する学科：139学科、その他の専門

　　教育を主とする学科及び総合学科：1642学科

○調査実施基準日

　特に指定がない場合、令和5（2023）年12月1日。

　文部科学省は、中学生については卒業時までにCEFR A1レベル（英検3級）相当に達する生徒の割合が50％以上になることを目標に設定している。同じく、高校生については、A2レベル（英検準2級）相当をターゲットに設定している。

　図表1は、中学生の英語力について、推移を現したものである。平成23（2011）年度、CEFR　A1レベル相当以上を達成した生徒の割合は25.5％だったのに対し、12年後の令和5（2023）年度は50.0％に上昇している。

第二章　生徒の英語力と、学校での英語教育の現在地　33

図表1　中学生の英語力推移（％）

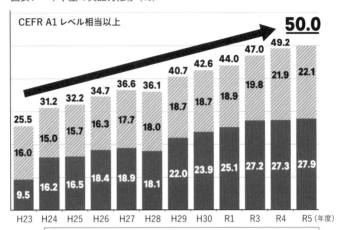

※「第4期教育振興基本計画」(R5~R9)では、中学校卒業段階でCEFR A1レベル相当以上を達成した中学生の割合六割以上を目標としている。
※「CEFR A1レベル相当以上の英語力を有すると思われる生徒」とは、実際に外部検定試験の級、スコア等を取得していないが、二技能または三技能を測る試験におけるスコア、公式な記録としては認定されない試験のスコア、CAN-DOリストに基づくパフォーマンステストの結果、各教育委員会でモデル校での検証に基づいて定めた目安等により、それに相当する英語力を有していると英語担当教師が判断する生徒を指す。
※CEFR A1レベル相当以上を有すると判断する際に活用した根拠（複数回答可）：二技能または三技能を測る試験のスコア62.5、公式な記録としては認定されない試験のスコア32.2、CAN-DOリストに基づくパフォーマンステストの結果39.7、その他12.1
※上のグラフでは、中学校第三学年の生徒に占める割合を算出している。
※H23・H24の数値は「『国際共通語としての英語力向上のための五つの提言と具体的施策』に係る状況調査」に基づく。

出典：文部科学省「令和5年度 英語教育実施状況調査」

図表2　高校生の英語力推移（%）

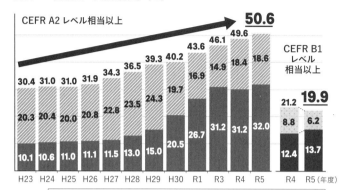

- ※「第4期教育振興基本計画」(R5~R9)では、高等学校卒業段階でCEFR A2レベル相当以上を達成した高校生の割合六割以上、CEFR B1レベル相当以上を達成した高校生の割合三割以上を目標としている。
- ※「CEFR A2/B1レベル相当以上の英語力を有すると思われる生徒」とは、実際に外部検定試験の級、スコア等を取得していないが、二技能または三技能を測る試験におけるスコア、公式な記録としては認定されない試験のスコア、CAN-DOリストに基づくパフォーマンステストの結果、各教育委員会でモデル校での検証に基づいて定めた目安等により、それに相当する英語力を有していると英語担当教師が判断する生徒を指す。
- ※CEFR A2/B1レベル相当以上を有すると判断する際に活用した根拠（複数回答可）：二技能または三技能を測る試験のスコア41.2、公式な記録としては認定されない試験のスコア23.9、CAN-DOリストに基づくパフォーマンステストの結果26.6、その他23.0
- ※上のグラフでは、高等学校第三学年生徒に占める割合を算出している。
- ※H23・H24の数値は「『国際共通語としての英語力向上のための五つの提言と具体的施策』に係る状況調査」に基づく。

出典：文部科学省「令和5年度 英語教育実施状況調査」

同じく、高校生についても、図表2から分かるように、平成23年度はCEFR A2レベル相当以上を達成した生徒の割合が30.4％だったのに対し、12年後の令和5（2023）年度には50.6％に上昇している。

　これらのデータから見えるのは、直近の十数年の間に、中学生・高校生の英語力は着実に向上しているという、社会的にはあまり認識されていない状況である。

　では、中学生・高校生の英語力が向上してきたのはなぜか。それは「学校での授業が変わってきた」ことが、大きな要因である。

●英語授業の目指す方向

　国（文部科学省）は、日本国内のどの地域に住んでいても、一定水準の教育を受けられるようにするため、法令に基づき、各学校で教育課程（カリキュラム）を編成する基準を定めている。これは「学習指導要領」と呼ばれ、小学校、中学校、高等学校ごとに、各教科の目標や大まかな教育内容を示している。それぞれの学校は、学習指導要領を踏まえて教育課程を編成し、教員は、学習指導要領に基づき作成された教科書を用いて授業を行っている。

　この学習指導要領で、中学校の教科英語（学習指導要領では「外国語」）の「目標」は、

〈外国語によるコミュニケーションにおける見方・考え方

を働かせ、外国語による聞くこと、読むこと、話すこと、書くことの言語活動を通して、簡単な情報や考えなどを理解したり、表現したり、伝え合ったりするコミュニケーションを図る資質・能力を次のとおり育成することを目指す。〉（下線引用者）

とされている（平成29〔2017〕年告示）。

つまり、中学校の英語の授業では、聞くこと、読むこと、話すこと、書くことのいわゆる四技能をすべて教えることが定められているのである。よって、言うまでもなく、教科書は四技能を扱う内容になっているし、教員は四技能を伸ばすための授業を行っており、また行う責任があるのである。

これは高等学校学習指導要領の外国語の目標でも同じである。

いまの30代、40代は中学生の保護者の世代と言えるが、この世代が受けてきた授業と、現在生徒たちが受けている授業は、大きく異なっている可能性が高い。

●中学校・高校の英語授業の実際

次に、実際に中学校・高校でどのような英語授業が行われているかを見ていきたい。

現在、すべての中学校・高校で、四技能（「聞くこと」「読むこと」「話すこと」「書くこと」）の英語力を伸ばす

ための授業が行われていて、生徒は学習に取り組んでいる。学習指導要領に基づき執筆されている教科書（つまり、すべての教科書）は、当然ながらスピーキングを含む四技能を学ぶための内容となっている。教科書で英語を学ぶということは、必ずスピーキングを学ぶ、ということになる。

　実際の授業の状況がどのようなものか、同様に、「英語教育実施状況調査」のデータから確認してみる。
　図表3は、小学校、中学校、高校の英語の授業における、「聞くこと」「読むこと」「話すこと」「書くこと」の活動の内訳を示す調査結果である。

　授業のなかで行われる言語活動のうち、「話すこと」の割合は、小学校で4.75、中学校で3.64、高校で3.20となっている。
　かつて英語の授業で「読むこと」ばかり学んでいた経験をもつ人は多いと思われるが、いまでは、小学校で半分近く、中学校・高校でも三分の一は「話すこと」の活動が行われている。

　また、授業の進め方についても、変化が起きている。
　図表4は、授業中に、英語の教員が、どの程度英語を使って授業をしているかに関する調査結果である。
　まず、なぜ、英語教員が英語で授業を行うことを目指すのか。学習指導要領では、生徒の理解度の程度に応じた英

図表3 授業での言語活動の内訳（割合）

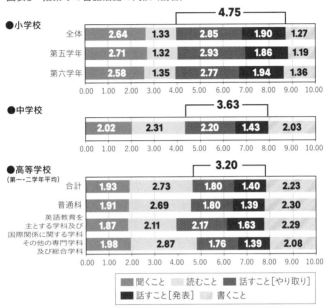

※1 値は各領域の平均値（小数点第三位を四捨五入）。
※2 言語活動全体にかける時間を10としたときの、「聞くこと」「読むこと」「話すこと[やり取り]」「話すこと[発表]」「書くこと」にかけた時間の割合を調査した。
※3 高等学校第三学年は旧学習指導要領で実施されているため、「話すこと」のうち[やり取り][発表]に分けて調査していない。
※4 「普通科」「英語教育を主とする学科及び国際関係に関する学科」「その他の専門学科及び総合学科」のそれぞれのなかで学科が複数ある場合は、「普通科」「英語教育を主とする学科及び国際関係に関する学科」「その他の専門学科及び総合学科」ごとにひとつずつの回答として集計している。

出典：文部科学省「令和5年度 英語教育実施状況調査」

語を用いることを前提としながら、授業は英語で行うことを基本とする、としている。そうすることによって、生徒が英語に触れる機会を増やすことができ、また、授業の時

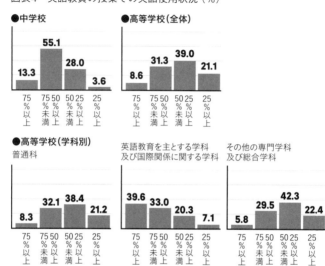

図表4　英語教員の授業での英語使用状況（%）

※調査方法が異なるため、令和4年度調査の結果との単純比較はできない。
※割合の合計は、小数点第二位切り上げ前の数字を合計して算出しているため、小数点切り上げ後の割合の和と一致しないことがある。

出典：文部科学省「令和5年度 英語教育実施状況調査」

間そのものを、実際のコミュニケーションの場面とすることができるためである（よって、必要に応じて日本語を使うことは当然ありうる）。

　調査結果として、中学校では約七割、高校では約四割の学校で、英語教員による発話の半分以上が英語で行われているのである。高校では中学校に比較してその割合が低下すること、授業時間の75％以上を英語で進めている教員が全体の8.6％いるのに対し、英語で展開する授業が全体

の25％に満たない教員も21.1％存在することなど、改善の余地はある。しかしながら、明らかに授業のスタイルは大きく変わってきている。

●教員の英語力

前提として、まず英語教員の英語力が備わっている必要がある。図表5は、教員の英語力の状況に関する調査結果である。目安として、英語教員には英検準1級レベルの英語力を習得していることを想定している。

図表5　英語教員の英語力の推移（％）

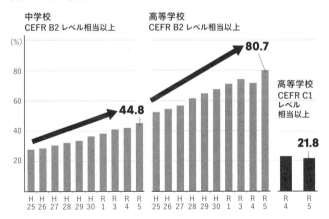

※「英語担当教師」とは、調査基準日時点において中学校・高等学校に所属し、外国語（英語）の免許状（免許状の種類は問わない）を所有し、かつ英語の授業を担当している者（ただし、非常勤講師及び臨時的任用の者除く）
（参考）第二期教育振興基本計画では、英検準1級程度以上（CEFR B2レベル以上）を取得した英語担当教師の割合について、中学校は50％以上、高等学校は75％以上を目標としていた。

出典：文部科学省「令和5年度 英語教育実施状況調査」

図表5 英語教員の英語力の推移（%）

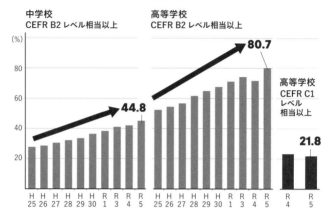

※「英語担当教師」とは、調査基準日時点において中学校・高等学校に所属し、外国語（英語）の免許状（免許状の種類は問わない）を所有し、かつ英語の授業を担当している者（ただし、非常勤講師及び臨時的任用の者除く）。
（参考）第二期教育振興基本計画では、英検準1級程度以上（CEFR B2レベル以上）を取得した英語担当教師の割合について、中学校は50%以上、高等学校は75%以上を目標としていた。

出典：文部科学省「令和5年度 英語教育実施状況調査」

　この十数年で教員の英語力は向上し、中学校では約45%、高校では約81%の教員が英検準1級レベル以上の英語力を備えている（東京都では、中学校約67%、高校約89%）。

●授業での英語力の評価

　授業で、四技能の活動が行われているということは、当然評価も四技能に関する評価が行われることが求められる。
　図表6は、パフォーマンステスト（「話すこと」「書くこ

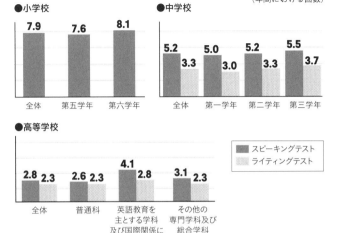

図表6 パフォーマンステスト(「話すこと」「書くこと」)の実施状況
(年間における回数)

※調査方法が異なるため、令和4年度調査の結果との単純比較はできない。
※数値は令和5年度における実施回数の平均(予定含む)。
※「普通科」「英語教育を主とする学科及び国際関係に関する学科」「その他の専門学科及び総合学科」のそれぞれの中で学科が複数ある場合は、「普通科」「英語教育を主とする学科及び国際関係に関する学科」「その他の専門学科及び総合学科」ごとにひとつずつの回答として集計している。

出典:文部科学省「令和5年度 英語教育実施状況調査」

と」、いわゆるアウトプットに関するテスト)の実施状況を示すものである。

　調査結果によると、小学校で「話すこと」が年間8回程度、中学校で「話すこと」同5回程度、「書くこと」同3回程度、高校ではそれぞれ同2～4回程度、テストが行われていることが分かる。いわゆる定期考査(中間試験、期末試験)等でのペーパーテストと組み合わせることで、四

技能の評価が実施されていることになる。

　ここまで見てきた調査結果が示すように、日本の学校における英語教育の状況は、着実に変わってきているのである。

●高校入試での活用の必要性

　これまで、現在の学校での授業の状況を見てきた。そのうえで、最後に入試について考えてみる。

　中学校、高校での授業は大きく変わってきている。ところが両者をつなぐ入試はどうだろうか。東京都立高校入試では、筆記試験で「読むこと」と「書くこと」が出題されていたが、これに加えて平成9（1997）年度入試から、リスニングテストを導入することで「聞くこと」を測ることとした。これにより三技能を測る試験を実施してきた。

　同様に、大学入試でも、大学入試センター試験で、平成18（2006）年度からリスニングテストが導入されている。聞くことについては、かねてから国公立大学の二次試験や私立大学の一部で課されている。

　しかし依然として、都立高校入試で「話すこと」は扱われない状況が続いた。これは、中学校で学習していることと入試試験の内容が一致していないことを意味する。

　このことが、中学校3年間を通じた四技能を育成する指導や、小・中・高校の一貫した英語学習の妨げになってい

るとの指摘もあった。

　授業と入試との乖離を解消することが、英語教育に携わる人々の長年に亘る課題として共有されてきたのである。

　一部に、入試を変えることで授業を変えさせようとするのは順番が反対である、あるいは英語力向上の施策として不適切である、との批判があるが、これまで述べたとおり都立高校入試の改革にこの指摘は当たらない。入試が授業や生徒に大きな影響をもつことは間違いないが、はじめから波及効果を狙って、入試から授業を変える、というものではない。中学校での授業の実態を踏まえ、その延長に入試があるべきであり、その点で、入試の改革は、学校での生徒や教員の日常の努力や取り組みを適切に評価し、その方向性を強力に支えることを目指すものなのである。

●ガラパゴス入試からの脱却

　英語は言語であり、コミュニケーションを行うための手段であるため、もとより実技教科であると言える。一方で、これまで日本ではスピーキング力の評価の難しさゆえ、「英語ができる」＝「より多くの単語を覚え、文法や文章を正確に理解できること」として教育する傾向があった。

　入試へのスピーキング・テストの導入は、多くの生徒がもつ「英語が話せるようになりたい」という願いをより直接的に実現させる基盤となる施策であり、なくてはならない取り組みなのである。

第二章　生徒の英語力と、学校での英語教育の現在地　45

これまで何度も議論されながらも実現することがなかった「英語四技能を評価する仕組み」をつくり、世界から取り残された「ガラパゴス入試」から脱却することが、高校入試、大学入試には不可欠なのである。

スピーキングテスト導入により期待する、中学校、高校における英語教育の進展

上智大学 言語教育研究センター 教授（兼任）
言語教育研究センター長
藤田　保

　戦後80年が経過した現在、日本人の大多数は戦後の英語教育を受けてきたにもかかわらず、多くは自らを英語が話せないと認識し、英語を話せるようになりたいと願っている。一方で、学校教育においては、語彙や文法といった基礎知識の習得に重点を置き、話す技能については必要に迫られれば自然と身につくものであるとする議論が依然として根強い。しかし、実際には英語を話す必要性が生じた場面、たとえば海外旅行やインバウンド観光客への対応において、円滑に英語を運用できないケースが多いのも事実だ。

　多くの日本人が英語を話せない原因は明白で、単に練習量が不足しているからである。言語は、いくら知識があっても、それを実践する場や訓練の機会がなければ、効果的に運用することはできない。逆に言えば、十分な練習量が確保されれば技能を身につけることは可能だということでもある。

　実際、2006（平成18）年度に大学入試センター試験にリスニング試験が導入されたことにより、高校生のリスニング能力が向上していることが各種の報告により示

されている。これは、高校生自身のリスニングへの取り組み方や意識が変化したことに加え、授業においてリスニング活動が増加し、英語を聞く機会が増えたためであろう。このような試験対策を目的とした授業が必ずしも教育の本質と合致している訳ではないが、結果として生徒のリスニング能力の向上に寄与していることは事実である。同時に、やればできるということは、試験によって評価の対象とならない技能や科目が軽視されがちだという課題の存在を浮き彫りにしている。

　試験の導入により、授業内での活動内容や生徒の取り組む姿勢が変化し、その結果として生徒の英語運用能力が向上するのであれば、それは教育成果として有意義である。こうした観点から、英語のスピーキング・テスト導入の意義も明確になる。既に小学校における外国語活動や外国語教育の成果として、以前に比べて英語を話すことに対する抵抗感は低下している。さらに、中学校においても、スピーキング・テストを意識することで英語を話す活動の割合が増加し、生徒たちが真剣に取り組むことにより、「必要に迫られれば誰でも英語を話すことができる」という状態がより現実的なものとなる。

　日本の外国語教育では、漢学や蘭学の伝統を背景として「書物の読解を通じて新しい知識を吸収する」という意識が強く根付いている。しかし、グローバル化が進み、国境を越えた人々の交流が容易になった現代においては、従来の教育法にとらわれることなく、より自然で総合的

な英語力の獲得が求められる。スピーキング・テストが学校教育に定着すれば、英語を話すことへの心理的障壁が低減され、生徒が実践的でバランスのとれた英語運用能力を獲得する機会の増加が期待でき、ひいては日本の英語教育の成果を高める上で重要な役割を果たすであろう。

第二部

東京都のスピーキング・テストとは

第三章 | **スピーキング・テスト
導入までの道のり**

本章では、時間を少し遡り、東京都における英語教育改革がどのように進んできたのか、そのなかで、スピーキング・テストがどのように位置づけられ、導入されたのかについて、その道のりを振り返ってみたい。

●都教育委員会の目指す英語教育と
　グローバル人材育成モデルとは

まず、都教育委員会におけるスピーキング・テスト導入という施策の位置づけについて述べていく。

都教育委員会は、グローバル人材の育成に継続的に取り組んでいる。令和6（2024）年3月に公表した「東京都教育振興基本計画　東京都教育ビジョン（第五次）」では、基本的な方針のひとつとして、「グローバルに活躍する人材を育成する教育」を掲げ、以下の施策展開の方向性を示している。

〇異なる言語や文化を乗り越え関係を構築する力、新しい
　価値を創造する力の育成
〇豊かな国際感覚を身につけ、世界をけん引していくこと
　ができる人材の育成
〇我が国の伝統・文化等に立脚した広い視野や多様な人々
　と協働する力の育成

さて、ここまで「グローバル人材」という文言を、繰り返し使ってきたが、そもそも「グローバル人材」とはどの

ような能力をもつ人材であろうか。

都教育委員会は、令和4（2022）年3月に公表した「東京グローバル人材育成指針」で、グローバル人材育成モデルとして、次の四つのTARGETを示している。

TERGET 1
主体的に学びつづける態度と総合的な英語力の育成
自分なりの目標をもって主体的・自律的に英語を学ぶ態度や、英語を用いて自分の気持ちや考えを発信し、発表や議論ができる力を育成

TARGET 2
国内外の課題を解決する創造的・論理的思考力の育成
持続可能な社会を実現するために、国内外の諸課題に注目し、問題意識を深め、自分なりに問いを立て、どのように解決するか追究したり、協議したりするに資する創造的・論理的な思考力を育成

TARGET 3
世界のなかの一員としての自覚と自己の確立
自分らしさや郷土について、興味をもち、理解したうえで、世界の一員としての自覚や広い視野をもち、主体的に社会に参画できる資質・能力を育成

TARGET 4
多文化共生の精神の涵養と協働する力の育成
異なる文化や習慣、考え方を尊重し、多様な人々との話し合いのなかで合意形成を図ったり、協力したりすることができる資質・能力を育成

そして、これら四つのTARGETの関係性についても示している。

第三章　スピーキング・テスト導入までの道のり　53

図表1　TARGETの構成のイメージ図

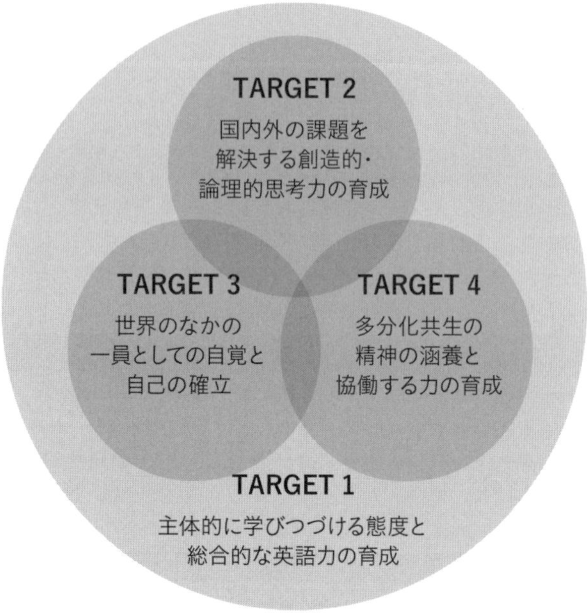

TARGET 2
国内外の課題を
解決する創造的・
論理的思考力の育成

TARGET 3
世界のなかの
一員としての自覚と
自己の確立

TARGET 4
多分化共生の
精神の涵養と
協働する力の育成

TARGET 1
主体的に学びつづける態度と
総合的な英語力の育成

　四つのTARGET全体の概念をイメージしたものが図表
1である。

　まず、すべてを支える基礎として、主体的に学ぼうとする姿勢と四技能の総合的な英語力を示している。その土台の上に、創造的・論理的思考力、世界の一員としての自覚とアイデンティティ、多文化と共生し、協働する力、の三つを位置づけている。これら三つはどれもが必要な力である。

　都教育委員会は、　上記のようなグローバル人材育成モ

デルを踏まえたうえで、包括的に英語教育を推進している。

　言うまでもなく、英語ができればグローバル人材という訳では決してない。図表1が示す四つのTARGETを、さまざまな施策を重層的に取り組んでいくことにより総合的に育成していくことを目指しつつ、その基盤となる英語力の育成に取り組んでいるのである。

●英語力育成に向けた取り組み

　都教育委員会がこのような方針に立ち、展開しているさまざまな施策のうち、本書では、TARGET 1で位置づける英語力の育成に焦点を当てて述べていくことになる。

　さて、小・中・高校における一貫した英語教育を推進することで、実際のコミュニケーションで実践的に「使える英語力」の育成を目指しているわけだが、具体的にどのような取り組みを行っているのか。いくつか代表的なものを紹介したい。

小学校での外国語教育

　担任の教員に加えて、英語を専門に教える「英語専科教員」を追加して配置している。

　また、新規の教員採用選考で、小学校全科を担当する教員について「英語コース」の選考を行い、英語指導の専門性の高い教員の採用に取り組んでいる。

中学校での少人数・習熟度別指導

生徒一人ひとりが英語を話す量を増やし、実際に英語を
使う活動を充実させるために、少人数・習熟度別による指
導を実施している。

中学校全学年でのスピーキング・テストの実施

　英語のスピーキングの指導の充実を図るため、中学校の
三学年すべての生徒を対象に、中学校英語スピーキング・
テスト（ESAT-J YEAR 1、YEAR 2、YEAR 3）を実施し
ている。

　とくに第三学年のESAT-J YEAR 3については、都立高
等学校入学者選抜において、その結果を活用している
（YEAR 1、YEAR 2は、令和5〔2023〕年度から実施）。

高校でのJETプログラムによる外国人指導者の配置

　高校の学校生活において、英語の授業や、授業以外の時
間に、英語でコミュニケーションする機会を増やし、「使
える英語力」を育成するため、JETプログラム[※1]による外国
人指導者を、すべての都立高校に原則ふたりずつ配置して
いる。

高校でのオンライン英会話の実施

　スピーキングやリスニングによる会話力を伸ばすため、
すべての都立高校で、外国人講師とマンツーマンの会話を
行うオンライン英会話を実施している。

英語を使ったイベントやプログラムの実施

　英語によるプレゼンテーション・コンテストである
TEP-CUP(TOKYO ENGLISH PRESENTATION-CUP)や、
外資系企業や海外機関等で英語を使ったインターンシップ

を行う「英語でジョブ・チャレンジ」等、授業以外で実践的な英語を使うさまざまな機会を設定している。

体験型英語学習施設「TOKYO GLOBAL GATEWAY」の設置

「TOKYO GLOBAL GATEWAY」[2]（東京都英語村）を、江東区と立川市の二ヶ所に開設している。ここでは、入館から退館まで英語漬けとなれ、疑似空間で、英語を使う楽しさや必要性を体感しながら、英語学習の意欲を高めることができる。当施設独自の体験的・実践的なプログラムで英語学習を行えるように工夫しており、小学生から高校生まで幅広い活用を促進している。

令和5（2023）年度からは、夏休み期間中に、一泊二日の宿泊プログラム「TGGサマーキャンプ」も実施している。

教員の海外派遣研修の実施

教員の指導力を向上させるため、小学校の教員、中学校・高校の英語科教員を約一ヶ月間、海外の大学等に派遣し、最新の英語教授法を受講させる留学プログラムを実施している。

スピーキング・テストの実施と、その結果の入試活用は決して単発で行われている施策ではなく、これら一連の重層的な施策の一環として位置づけられている。

中学生が、学校での授業やさまざまな取り組みを通じて身につけたスピーキングの力を客観的に評価して、高校における学習につなぎ、中学校と高校での英語学習を充実さ

第三章　スピーキング・テスト導入までの道のり　57

せることを目指すものなのである。

●スピーキング・テスト導入の検討

　それでは、東京都におけるスピーキング・テストの検討
から入試活用までの道のりを見ていきたい。

「東京都英語教育戦略会議」　　　　　　**平成25（2013）年**

　都立高校入試における、スピーキングの評価に関する検
討が公式に始まったのは、平成25（2013）年に遡る。

　同年6月、都教育委員会は、グローバル社会を切り拓き、
国内外で活躍する人材の育成を総合的・計画的に進めるた
め、英語教育の専門家や企業役員などの外部有識者からな
る「東京都英語教育戦略会議」（座長・吉田研作上智大学
言語教育研究センター長〔当時〕）を設置して、約3年に
亘り検討を重ねた。

　そして平成28（2016）年9月、英語教育改善に向けた中
長期的な方向性と28の具体的方策を取りまとめ公表した。

　このなかで、生徒の英語学習の成果を評価するにあたっ
ては、特定の技能に偏らず四技能をバランス良く評価する
ことが重要であると指摘し、スピーキングを含めた四技能
を測る都立高校入学者選抜試験の実施方法の工夫について
検討すべきとの報告がなされた。

「東京都立高等学校入学者選抜英語検査改善検討委員会」
　　　　　　　　　　　　　　　　　平成29（2017）年

　上記報告も踏まえ、翌年、「東京都立高等学校入学者選
抜英語検査改善検討委員会」を設置し、入試におけるスピ

ーキングの評価の在り方や今後の方向性、具体的な取り組みなどについて、さまざまな視点から検討を行った。その後、報告書として取りまとめて公表した。

このなかで、すでに実施の実績のある資格・検定試験団体の知見を活用していくことが有効であること、そのうえで、都教育委員会と試験団体が連携して問題を作成し、学習指導要領に準拠した出題内容にすること、受験者の経済的負担や地域を考慮し一回プラス予備日の受験日の設定とすること、などが報告された。

「東京グローバル人材育成計画'20 (Tokyo Global Stage '20)」 　　　　　　　　　　　　　　　平成30(2018)年

さらに翌年には、2020年に向けたグローバル人材育成の目標の設定と、その実現に向けた手段をまとめた「東京グローバル人材育成計画'20（Tokyo Global Stage '20)」を公表した。

施策のひとつとして、都立高校入試の英語検査の改善を挙げている。具体的には、これまでの外部有識者や学校関係者等による検討を踏まえ、四技能評価を取り入れた英語学力検査の入学者選抜への導入について、出題する問題や採点方法、運営方法等について検討を進めていくこととした。

「英語『話すこと』の評価に関する検討委員会」 　　　　　　　　　　　　　　　平成30(2018)年

同年4月、都立高校入試におけるスピーキングの技能の評価等に係る具体的内容について、委員会を設置し、検討

を行った。

　具体的には、スピーキングの評価方法（基本スキーム）、スピーキング・テスト実施の目的、スピーキング・テスト導入までのスケジュール、都教育委員会と資格・検定試験実施団体との連携方法、そして費用負担の在り方などについて検討を行った。

　平成31（2019）年2月、その検討結果を「英語『話すこと』の評価に関する検討委員会報告書」としてまとめ、公表した。

「東京都中学校英語スピーキング・テスト事業実施方針」

平成31（2019）年

　同時に都教育委員会として、都立高校入試におけるスピーキングの技能の評価や、中学校における英語四技能育成に向けたスピーキングの指導の充実等を目的とし、都内公立中学校三年生等を対象に「東京都中学校英語スピーキング・テスト」を実施することとし、その事業実施方針を策定して公表した。

　これにより、スピーキング・テストを都立高校入試に活用することが、正式に決定され発表されることとなった。

　その後、実施方針に基づき、令和元（2019）年度は都内公立中学校の生徒約8000人を対象としたフィージビリティ・テスト（事前に、実現可能性を検証するためのテスト）を実施した。続いて、翌年度には約9200人を対象に、さらに令和3（2021）年度には、都内全公立中学校三年生

約8万人を対象に、プレテストを実施して検証を重ねた。

コロナ禍の影響を受け、都立高校入試への活用は1年延期したのち、令和4（2022）年11月、都内全公立中学校三年生約8万人を対象にスピーキング・テスト、ESAT-J（のちに1、2年生でもテストを実施するにあたり、ESAT-J YEAR 3と改称）を実施した（受験者約7万人）。

その後翌令和5（2023）年2月の都立高校入試（令和5〔2023〕年度入学者）で、スピーキング・テストの結果を活用した入試を、初めて実施した。

具体的な検討を始めてから約10年、入試への活用を正式に発表してから約4年。

長い年月に亘る、英語教育や学校教育の専門家、区市町村教育委員会、学校関係者、保護者等多くの関係者の尽力の積み重ねにより、遂に「ガラパゴス入試」からの脱却を成し遂げるときが訪れたのだ。

●都立高校入試への活用方法

都独自のスピーキング・テスト、ESAT-Jの具体的な成り立ちは、次章以降で述べることとし、ここでは、都立高校入試への活用について、簡単に触れておく。

都立高校では、第一次募集・分割前期募集の入試において、ESAT-Jの結果を活用することとしている。[※3]

ESAT-J（YEAR 3）の結果は、AからFの六段階で評価される。この結果を20点満点に点数化し、学力検査（い

わゆる入学試験)の得点と、調査書点(いわゆる内申点)の1000点満点に加算して1020点満点として算出し、合格者の判定に使われることになる(詳細は第四章参照)。

註
※1 JETプログラム
「語学指導等を行う外国青年招致事業」(The Japan Exchange and Teaching Programme)の略称で、地方自治体が総務省、外務省、文部科学省及び一般財団法人自治体国際化協会(CLAIR)の協力の下に実施している。
JETプログラムは、海外の青年を招致し、地方自治体、教育委員会及び全国の小・中学校や高等学校で、国際交流の業務と外国語教育に携わることにより、地域レベルでの草の根の国際化を推進することを目的としている。
国内はもとより、世界各国から大規模な国際的人的交流として高く評価されており、このプログラムに係わる日本の各地域の人々と参加者が国際的なネットワークをつくり、国際社会において豊かな成果を実らせることが期待されている。
https://jetprogramme.org/ja/about-jet/

※2 TOKYO GLOBAL GATAWAY
空港や店舗、ホテル、レストランなどの疑似空間で、英語を使ってミッションをクリアしていく多数のプログラムを提供する、体験型英語学習施設。

没入感をもてる「環境」、英語で話したくなる「プログラム」、世界各国から集結し、高度なトレーニングを積んだ「イングリッシュスピーカー」を特長としている。
児童・生徒に、英語で伝わる感動、分かる感動、協働する感動により、「英語で伝わるって、すごい!」という成功体験を提供することを目指している。令和5(2023)年度には、2施設合計で、約14万7000人の利用者があった。
【開設場所】
・TOKYO GLOBAL GATEWAY BLUE OCEAN(東京都江東区青海〔テレコムセンター駅〕)平成30(2018)年に開設。
・TOKYO GLOBAL GATEWAY GREEN SPRINGS(東京都立川市緑町〔立川駅〕)令和4(2022)年に開設。

※3 都立高校入試は、推薦入試や一般入試等があり、一般入試でも第一次・分割前期募集や第二次・後期募集がある。

なお、特色のある学校（エンカレッジスクール：小・中学校で十分能力を発揮できなかった生徒のやる気を育て、頑張りを励まし、応援しながら、勉強や学校行事・部活動などを通して学校生活を充実させる全日制高校）や、チャレンジスクール（おもに小・中学校で不登校の経験があったり、高校で中途退学を経験したりして、これまで能力や適性を十分に生かしきれなかった生徒が、自分の目標を見付け、それに向かってチャレンジする高校）等は、スピーキング・テストの対象外となっている（詳細は毎年、「都立高等学校入学者選抜実施要綱」で公表される）。

第四章 | 東京都のスピーキング・テスト（ESAT-J）とは

本章では、東京都が実施しているスピーキング・テスト、ESAT-Jとはどのようなものなのかについて、述べていく。

●「スピーキング・テスト（ESAT-J）」＝ 東京都独自の英語スピーキング・テスト

　本書で言う「スピーキング・テスト」とは、令和元（2019）年から東京都教育委員会が実施している英語スピーキング・テストを指す。正式には、English Speaking Achievement Test for Junior High School Students、略してESAT-J（イーサット・ジェイ）と呼ぶ。

　令和5（2023）年度から、受験の対象を、中学一年生と二年生にも拡大した。それぞれをESAT-J YEAR 1、YEAR 2と呼ぶことにしたのに伴い、三年生を対象としたテストはESAT-J YEAR 3と改称した。

　ESAT-Jは、その名称が表すとおり、

　＊英語で話す力（スピーキング）を測る

　＊中学生が対象

　＊アチーブメントテスト＝到達度テスト

　　（詳しくは第五章参照）、

　として行う東京都独自のテスト、というのが基本的な成り立ちである。

　なお、とくに断りがなく、入試改革にかかる内容に関しESAT-Jと記述する際には、ESAT-J YEAR 3を指す。

●テストの仕組み

　ESAT-Jは、スピーキング力を測る試験であることから、いくつか特徴的な仕組みを取り入れている。

　テストは、都内公立中学校の三年生全員を対象に、同一日（11月下旬）に、都立高校などの会場で一斉に行われる。テストでは、一人ひとりに配布される専用タブレットとヘッドセット等を使用する。受験者は、タブレットからの音声による出題を、ヘッドセットを通して聞き、各自が解答を機器に録音する。録音された音声は回収され、翌日以降、専門知識・技能をもつ専任者が採点を行う。

　約8万人を対象とする大規模なテストを滞りなく適正に行うため、英語の資格・検定試験実施の実績がある事業者と東京都教育委員会が共同で実施している。令和元（2019）年度から令和5（2023）年度まではベネッセ・コーポレーション、令和6（2024）年度から令和10（2028）年度まではブリティッシュ・カウンシル（英国の公的な国際文化交流機関）が事業者である。

受験者はこのようなヘッドセットを使用する

●テスト問題

　ESAT-Jは、事業者と都教育委員会が、都教育委員会の出題方針に従って独自の問題を作成し出題している。このテストは、中学校で実際に行われている学習の成果を測るというのが基本方針である。よって、普段の授業で日常的に行われている英語を使った活動を踏まえ、次のような問題構成で出題される。

○パートA　【音読】2問
　英語音声の特徴を踏まえて音読できる力を見る。

○パートB　【やり取り】5問
　図示された情報を読み取り、それに関する質問を聞き取ったうえで、適切に応答する力や、図示された情報を基に「質問する」「考えや意図を伝える」「相手の行動を促す」など、やり取りする力を見る。

○パートC　【イラストのストーリーの説明】1問
　日常的な出来事について、話の流れを踏まえて相手に伝わるように状況を説明する力を見る。

○パートD　【意見・理由の説明】1問
　身近なテーマに関して聞いたことについて、自分の意見とその意見を支える理由を伝える力を見る。

　令和6（2024）年度に出題された問題（11月24日実施）の問題及び解答例は、図表1のようなものであった。

図表1　令和6（2024）年度ESAT-J YEAR 3 問題及び解答例
　　　　（11月24日実施）

ESAT-J | YEAR 3 中学校英語スピーキングテスト
English Speaking Achievement Test for Junior High School Students

令和6年度 ESAT-J YEAR 3 問題と解答例

ESAT-Jは、次の三つの観点で、皆さんが話す多様な解答を評価します。

「コミュニケーションが達成できているか。」「言語使用は適切であったか。」「相手に伝わる音声で話せているか。」
各パートでは、採点基準に従って「できていること」を評価しています。
これまでの英語学習で身に付けた「話すこと」の力を発揮できたか、問題と解答例を確認してみましょう。

Part A 音読の問題

Part Aは、音読の問題で、全部で2問あります。聞いている人に、意味や内容が伝わるように、英文を声に出して読んでください。
英文には、準備時間がそれぞれ30秒間あります。録音開始の音が鳴ってから、音読を始めてください。録音時間はそれぞれ30秒間です。

No.1　あなたは、図書委員会の活動で、海外交流先の生徒に対し、学校の図書室について紹介する動画を作ることになりました。次の原稿を声に出して読んでください。録音開始の音が鳴ってから、音読を始めてください。

> Do you go to the library? Our library has many kinds of books. I usually go there every Wednesday. If you read books, you can learn many things. Reading books will also make your life interesting. Please tell us about your favorite books.

No.2　あなたは、英語部の活動で、日本に来たばかりの留学生のヘレンを全校生徒に紹介する動画を作っているところです。次の原稿を声に出して読んでください。録音開始の音が鳴ってから、音読を始めてください。

> Today, I will tell you about Helen. She is from London, and she will study at our school for one month. We will take classes together. She hopes to learn about Japanese history and culture. Why don't you ask her about life in the U.K.?

第四章　東京都のスピーキング・テスト（ESAT-J）とは　69

Part B 会話の問題

Part Bは、会話の問題で、全部で5問あります。あなたが質問に答える問題が4問と、あなたから質問する問題が1問あります。
あなたが質問に答える問題には準備時間はありません。あなたから質問する問題には準備時間が10秒間あります。録音開始の音が鳴ってから、解答を始めてください。
解答時間はそれぞれ15秒以内です。

あなたは、カナダに留学しています。ホームステイ先のジャックと休日に買い物に出かけることになりました。あなたとジャックは、ショッピングモールのフロアガイドを見ながら話しています。下に表示されているイラストは、二人が見ているフロアガイドです。
【フロアガイドのイラストを10秒間表示】※画面上では、イラストは指示文の下に表示。

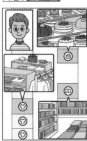

はじめに、ジャックがフロアガイドについて二つの質問をします。質問に対して英語で答えてください。
この問題には準備時間はありません。録音開始の音が鳴ってから、解答を始めてください。解答時間はそれぞれ15秒以内です。

Q1. Where do you want to go? ※音声のみの出題

> 解答例　I want to go to the cake shop.

Q2. What would you like to do there? ※音声のみの出題

> 解答例　I want to buy (delicious) cakes.
> I'd like to find a cake for my sister.

次に、ジャックがあなたのことについて二つの質問をします。
この問題には準備時間はありません。録音開始の音が鳴ってから、解答を始めてください。解答時間はそれぞれ15秒以内です。

Q3. What do you usually do on Sundays? ※音声のみの出題

> 解答例　I study at home. /
> I usually play baseball on Sunday morning(s).

Q4. When did you start learning English? ※音声のみの出題

> 解答例　I started learning English six years ago / in elementary school.

今度は、あなたがジャックに対して、次の画面で表示されることについて英語で質問してください。
この問題の準備時間は10秒間です。録音開始の音が鳴ってから、質問してください。質問時間は15秒以内です。

Q5. ジャックに対して、次のことを英語で質問してください。

「今までに訪れた国の数」

> 解答例　How many countries have you visited / been to?

Part C ナレーションをする問題

Part C は、イラストを説明する問題です。次に表示される、1から4までの全てのイラストについて、順番にストーリーを英語で話してください。
この問題の準備時間は30秒間です。録音開始の音が鳴ってから、解答を始めてください。解答時間は40秒以内です。

あなたは、留学生のジョナサンに、先週のバス停での出来事を英語で説明しようとしています。一番上のイラストに描かれた人物になったつもりで、相手に伝わるように英語で話してください。イラストの上に表示される表現を最初に使って解答してください。
この表現を最初に使って解答を始めてください。

Last week …

解答例
Last week, I went to the bus station. Two tourists were looking at their phones. Then, they asked me the way to the mountains. So, I showed them their bus/bus stop.

Part D 自分の意見を発表する問題

Part D は、英語の授業で、与えられたテーマに対して、自分の意見とその理由を英語で述べる問題です。次の画面で、先生の英語の説明が流れ、テーマと三つのヒントが表示されます。説明を聞き、あなたの意見とそう考える理由を、具体的な例を加えるなどして、できるだけ詳しく話してください。あなたの意見として、三つのヒントから一つ選ぶか、又は、あなた自身の考えを述べても構いません。
この問題の準備時間は60秒間です。録音開始の音が鳴ってから、解答を始めてください。解答時間は40秒以内です。

説明を聞き、あなたの意見とそう考える理由を、具体的な例を加えるなどして、できるだけ詳しく話してください。あなたの意見として、三つのヒントから一つ選ぶか、又は、あなた自身の考えを述べても構いません。

What is a good way to make our town better?

Ideas
・concert halls
・parks
・restaurants
or your own idea

<英語の説明> ※音声のみの出題
Hello everyone, today you will make this short speech.
"What is a good way to make our town better?"
Choose one of these ideas, "concert halls," "parks," "restaurants," or "your own idea." Tell us why this idea is a good way to make our town better. Give reasons and examples in your short speech.
Listen again.
Today you will make this short speech.
"What is a good way to make our town better?"
Choose one of these ideas, "concert halls," "parks," "restaurants," or "your own idea." Tell us why this idea is a good way to make our town better. Give reasons and examples in your short speech.

解答例
I think we should build more parks because we need places to relax. For example, we can enjoy sports there. Building parks is a good way to make our town better.

第四章 東京都のスピーキング・テスト(ESAT-J)とは | 71

また、令和6（2024）年度の予備日（12月15日）の問題と解答例は、図表2のようなものであった。

図表2　令和6（2024）年度 ESAT-J YEAR 3　問題及び解答例
　　　（12月15日実施）

ESAT-J YEAR 3 中学校英語スピーキングテスト
English Speaking Achievement Test for Junior High School Students

令和6年度 ESAT-J YEAR 3 問題と解答例（令和6年12月15日実施）

ESAT-Jは、次の三つの観点で、皆さんが話す多様な解答を評価します。

「コミュニケーションが達成できているか。」「言語使用は適切であったか。」「相手に伝わる音声で話せているか。」

各パートでは、採点基準に従って「できていること」を評価しています。

これまでの英語学習で身に付けた「話すこと」の力を発揮できたか、問題と解答例を確認してみましょう。

Part A 音読の問題

Part Aは、音読の問題で、全部で2問あります。聞いている人に、意味や内容が伝わるように、英文を声に出して読んでください。

英文には、準備時間がそれぞれ30秒間あります。録音開始の音が鳴ってから、音読を始めてください。録音時間はそれぞれ30秒間です。

No.1　あなたは、留学先の学校で、昼休みに放送を使って、所属する理科クラブについて紹介するところです。次の原稿を声に出して読んでください。録音開始の音が鳴ってから、音読を始めてください。

> I'm in the science club. Last weekend, I went to the mountains with the club members and our teacher. We found interesting rocks there, and we took pictures of them. Next month, we're going to go to the science museum. Please come and join us.

No.2　あなたは、英語部の活動で、日本に来たばかりの留学生のケビンを全校生徒に紹介する動画を作っているところです。次の原稿を声に出して読んでください。録音開始の音が鳴ってから、音読を始めてください。

> Let me tell you about Kevin. He has been in Japan for two months. He is good at art, and he likes to draw pictures of famous buildings. One of his pictures is in the art room. Why don't you go there and see it?

Part B 会話の問題

Part Bは、会話の問題で、全部で5問あります。あなたが質問に答える問題が4問と、あなたから質問する問題が1問あります。

あなたが質問に答える問題には準備時間はありません。あなたから質問する問題には準備時間が10秒間あります。録音開始の音が鳴ってから、解答を始めてください。

解答時間はそれぞれ15秒以内です。

あなたは、アメリカから来た留学生のオリビアと、高校の学校見学会の体験授業に参加することにしました。あなたとオリビアは体験授業のウェブサイトを見ながら話しています。下に表示されているイラストは、二人が見ているフロアガイドです。

【ウェブサイトのイラストを10秒間表示】
※ 画面上では、イラストは指示文の下に表示。

はじめに、オリビアが体験授業について二つの質問をします。質問に対して英語で答えてください。

この問題には準備時間はありません。録音開始の音が鳴ってから、解答を始めてください。解答時間はそれぞれ15秒以内です。

Q1. Which class do you want to try? ※音声のみの出題

> 解答例　I want to try the music class.

Q2. Why did you choose that class? ※音声のみの出題

> 解答例　Because I want to sing songs.
> I'd like to play the guitar.

次に、オリビアがあなたのことについて二つの質問をします。
この問題には準備時間はありません。録音開始の音が鳴ってから、解答を始めてください。解答時間はそれぞれ15秒以内です。

Q3. What sports are you interested in? ※音声のみの出題

> 解答例　I'm interested in tennis.
> I like swimming.

Q4. What country would you like to visit in the future? ※音声のみの出題

> 解答例　I'd like to visit / I want to go to New Zealand.

今度は、あなたがオリビアに対して、次の画面で表示されることについて英語で質問してください。
この問題の準備時間は10秒間です。録音開始の音が鳴ってから、質問してください。質問時間は15秒以内です。

Q5. オリビアに対して、次のことを英語で質問してください。

「あなたの国で最も人気のある食べ物」

> 解答例　What is the most popular food in your country
> / the USA?

Part C ナレーションをする問題

Part C は、イラストを説明する問題です。次に表示される、1から4までの全てのイラストについて、順番にストーリーを英語で話してください。
この問題の準備時間は30秒間です。録音開始の音が鳴ってから、解答を始めてください。解答時間は40秒以内です。

あなたは、留学生のミーナに、先週の公園での出来事を英語で説明しようとしています。一番上のイラストに描かれた人物になったつもりで、相手に伝わるように英語で話してください。イラストの上に表示される表現を最初に使って解答してください。

この表現を最初に使って解答を始めてください。

Last week …

> **解答例**
> Last week, I went to the park. I practiced basketball, and some other children were playing basketball, too. Then, one of them asked me to play with them. We enjoyed playing basketball together.

Part D 自分の意見を発表する問題

Part D は、英語の授業で、与えられたテーマに対して、自分の意見とその理由を英語で述べる問題です。次の画面に、先生の英語の説明が流れ、テーマと三つのヒントが表示されます。説明を聞き、あなたの意見とそう考える理由を、具体的な例を加えるなどして、できるだけ詳しく話してください。あなたの意見として、三つのヒントから一つ選ぶか、又は、あなた自身の考えを述べても構いません。
この問題の準備時間は60秒間です。録音開始の音が鳴ってから、解答を始めてください。解答時間は40秒以内です。

説明を聞き、あなたの意見とそう考える理由を、具体的な例を加えるなどして、できるだけ詳しく話してください。あなたの意見として、三つのヒントから一つ選ぶか、又は、あなた自身の考えを述べても構いません。

What is a good way for us to learn about history?

Ideas
· books
· movies
· museums
or your own idea

<英語の説明> ※音声のみの出題
Hello everyone, today you will make this short speech,
"What is a good way for us to learn about history?"
Choose one of these ideas, "books," "movies," "museums," or "your own idea."
Tell us why this idea is a good way for us to learn about history. Give reasons and examples in your short speech. Listen again.
Today you will make this short speech.
"What is a good way for us to learn about history?" Choose one of these ideas, "books," "movies," "museums," or "your own idea." Tell us why this idea is a good way for us to learn about history. Give reasons and examples in your short speech.

> **解答例**
> I think watching movies helps us learn about history because there are many interesting movies about history. Also, some of them are easy to understand.
> So, watching movies is a good way to learn about history.

●評価

　実際の問題と解答例を見ると分かるとおり、一般的な筆記テストのイメージとは異なる。スピーキング・テストであるESAT-Jには、いわゆる「正解」はない。正答・誤答がある択一式等のテストより、むしろ記述式や面接の試験に近い。

　評価は次のような三つの観点に基づいて行う。

ア　コミュニケーションの達成度
　・コミュニケーションの目的が成立したかどうか
イ　言語使用
　・語彙や文の構造、文法の適切さや正しさ
　・内容の適切さ（発話した内容に一貫性があるか、論理構成が適切かどうか）
ウ　音声
　・発音、強勢、イントネーション、区切り

　ここで注意しておきたいことがある。スピーキングというと、ネイティブスピーカーのような発音で話せるかどうかを評価するかのような誤解が生じがちだが、過度に発音を評価することは学校でもESAT-Jでも行っていない。あくまで大事なのは、相手に伝わるかどうかであり、発音は、相手に伝わるために必要な水準であることがターゲットである。

一般の試験との違いは、評価（試験結果）にも大きく表れる。一般の試験では、いわゆる満点があり、問題にはそれぞれ配点がなされている。全部正解なら満点、つまり満点から誤答の点数を減じていくことで、試験結果の得点が産出される。

　ESAT-Jのテストの結果は、AからFのグレードで評価される。受験者の解答は、まず先に述べた評価の観点により採点されたあと、採点結果を統計的に処理して100から0までのスコアを算出する。このスコアに基づき、東京都教育委員会の設定する指標「ESAT-J　グレード」のAからFの六段階で評価をする仕組みである。これにより、受験者の積極的な発話について、できたことを積み上げて評価していくこととしている（詳細は第五章参照）。

　具体的にどのように採点されるのかについて、問題のパートごとにさまざまな解答例を提示し、採点結果とポイントを記した資料を作成し、公表している。図表3は令和6（2024）年度の各パートにおける解答と評価の例である。

　これは、スピーキング・テストの解答がひとつではないことを踏まえ、多様な表現を示すとともに、どのように答えればよりよく相手に伝わるようになるかについて、レベルアップを目指す参考にしてもらうことを意図している。レベルを想定して、解答例は実際の受験者の解答を基に作成しており、誤りのある文や語句を含んでいる。実際には、誤りがあっても、採点基準に従って「できていること」を評価していることも示している。

図表3　令和6（2024）年度 ESAT-J YEAR 3　本試日
　　　　（11月24日実施）問題の各パートにおける解答例

ESAT-J | YEAR 3　中学校英語スピーキングテスト
English Speaking Achievement Test for Junior High School Students

令和6年度ESAT-J YEAR 3 本試日問題の各パートにおける解答例

ESAT-Jでは、次の三つの観点で、皆さんが話す多様な解答を評価します。

「コミュニケーションが達成できているか。」「言語使用は適切であったか。」「相手に伝わる声で話せているか。」

本資料では、ESAT-J YEAR 3 本試日の解答例と各解答の採点結果を紹介します。解答例には誤りのある文や語句を含んでいます。実際には、誤りがあっても、採点基準に従って、「できていること」を評価しています。※解答例は、実際の受験者の解答を基に作成したものです。

本資料の活用方法

①令和6年度ESAT-J YEAR 3問題及び解答例を確認しましょう。

②自分の解答と、本資料の自分の解答に似ている解答例、その他の解答例とを比較してみましょう。

③よりよく相手に伝えるためにはどのようなことに気を付け、どのような表現を使えばよいのか考えましょう。

Part A 音読の問題

◎出題の趣旨と測定する力

「聞いている人に意味や内容が伝わるように、適切な発音と適切な読む速さや間の取り方で音読する力」

◎採点の観点

「音声」の観点でスター4段階で評価

※…：受験者の発話が止まって、間が空いていることを示すものです。

※[ ]：採点者にとって分かりにくかった発音を示すものです。

評価	解答例	採点のポイント
★★★	**No.1** Do you go to the library? Our library has many kinds of books. I usually go there every Wednesday. If you read books, you can learn many things. Reading books will also make your life interesting. Please tell us about your favorite books. **No.2** Today, I will tell you about Helen. She is from London, and she will study at our school for one month. We will take classes together. She hopes to learn about Japanese history and culture. Why don't you ask her about life in the U.K.?	・発音の誤りがやや見られるが、発音と強勢は適切である。 ・間の取り方がやや不自然なところがあるが、読む速さは適切で、二つの文章の意味を効果的に伝えている。
★★	**No.1** Do you go to [za] library? Our library has many kinds of books. I usually go [zaa] every Wednesday. If you read books, you can learn many [shings]. Reading books will also make your life … interesting. Please tell … us about your favorite books. **No.2** Today, I will tell you about Helen. She is from London, and she will study at our school for one [mons]. We will take classes [togezaa]. She hopes to learn about [Japan] history and cul…[chaa]. Why don't you ask her about life in [za] U.K.?	・発音の誤りが見られるが、聞き手に意味を伝えるのにおおむね適切である。 ・読む速さが一定ではなく、間の取り方がやや不自然なところもあるが、聞き手に意味を伝えている。
★	**No.1** Do you … library? … many books … Wednesday … interesting. **No.2** … Helen … Japan …	・個々の単語の発音が分かりにくいことが多く、聞き手に意味が伝わりにくい。 ・読む速さや間の取り方が不自然で、聞き手に意味が伝わりにくい。
● 解答なし	解答なし	・評価をする上で十分な量が音読されていないので、評価することができない。

第四章　東京都のスピーキング・テスト（ESAT-J）とは　77

Part B 会話の問題

◎出題の趣旨と測定する力
「図示された情報を読み取り、それに関する質問を聞き取った上で、適切に応答する力」
「図示された情報を基に、自分から質問する、考えや意図を伝える、相手の行動を促すなど、やり取りする力」

◎採点の観点
「コミュニケーションの達成度」、「言語使用」、「音声」の観点で総合的に5段階で評価

◆出題内容
No.1 Where do you want to go?
No.2 What would you like to do there?
No.3 What do you usually do on Sundays?
No.4 When did you start learning English?
No.5 ジャックに対して、次のことを英語で質問してください。 　「今までに訪れた国の数」

参考 CEFR-J	解答例（赤字は、誤り又は正しい表現に直したものです。）	採点のポイント
A2.1	1. I want to go to the cake shop. 2. I want to buy delicious cake(s). 3. I study at home. 4. I started (to) learn English in elementary school. 5. How many countries have you visited?	• 五つの課題全てに対してほぼ適切に解答している。 • 文法と語彙がおおむね適切である。 • 発音などがおおむね適切である。
A1.3	1. I want to go to the bookshop. 2. I like (to) buy books. 3. I see my friend. 4. I start(ed) (to)study English at school. 5. How many countries do(→did) you go (to)?	• 五つの課題のうち、四つの課題に適切に解答している。 • 文法と語彙がおおむね適切である。 • 発音などがおおむね適切である。
A1.2	1. I want (to) go to (the) clothes shop. 2. I want (to) buy (a) new T shirt. 3. Visit to grandmother. 　（→I visit my grandmother）. 4. I (started to) learn English every day(→six years ago). 5. I go Japan country.	• 五つの課題のうち、三つの課題に適切に解答している。 • 文法と語彙に基礎的な誤りがあり、聞き手にとって分かりにくいことがある。 • 発音などが不自然なところがあり、聞き手にとって分かりにくいことがある。
A1.1	1. I go (to) (the) library. 2. I want reading (→to read) and (to) study. 3. Sunday my like day. 4. English I don't study. 5. ...	• 五つの課題のうち、一つは適切に解答している。 • 文法と語彙に基礎的な誤りがあるため、聞き手にとって分かりにくい。 • 発音などが不自然で、聞き手にとって分かりにくい。
PreA1	1. I like... . 2. Like ... . 3. ... . 4. [Eng... ur ... lishu] 5. （日本語で解答）	• 五つの課題に対して適切な解答をしていない。 • 文法と語彙に誤りがあるため、解答の内容が伝わらない。 • 発音などが不自然で、解答の内容が伝わらない。

78

Part C ナレーションをする問題

◎出題の趣旨と測定する力
「過去の出来事について、話の流れを踏まえて相手に伝わるように状況を説明する力」
◎採点の観点
「コミュニケーションの達成度」、「言語使用」、「音声」の観点で総合的に6段階で評価

◆出題の内容

問題の指示文
Part Cは、イラストを説明する問題です。次に表示される、1から4までの全てのイラストについて、順番にストーリーを英語で話してください。この問題の準備時間は30秒間です。録音開始の音が鳴ってから、解答を始めてください。解答時間は40秒以内です。

状況の設定文
あなたは、留学生のジョナサンに先週のバス停での出来事を英語で説明しようとしています。一番上のイラストに描かれた人物になったつもりで、相手に伝わるように英語で話してください。イラストの上に表示される表現を最初に使って解答してください。
この表現を最初に使って解答を始めてください。

Last week …

参考 CEFR-J	解答例 （赤字は、誤りヌは正しい表現に直したものです。）	採点のポイント
A2.2	Last week, I was at the bus station, and then I saw two people with their mobile phones. I think(→thought) they (were) lost. They wanted to go to the mountain, so they asked me. I told them how to get there.	・ イラストの内容を説明する上で重要なポイントに触れながら、四つのイラスト全てについて説明している。 ・ 文法と語彙を幅広く適切に使って、出来事を説明している。 ・ 発音などがおおむね適切である。
A2.1	Last week, I went to (the) bus station. Two tourists look(→were looking) at their phones. Then, they asked me the way to (the) mountains. So, I teached(→taught/showed) them their bus.	・ イラストの内容を説明する上で重要なポイントに触れながら、四つのイラスト全てについて説明している。 ・ 文法と語彙を適切に使って、出来事を説明している。 ・ 発音などがおおむね適切である。
A1.3	Last week, at the bus station I … I met my friends. We (were) looking for bus…er…they (were) looking for bus not find(→they could not find) it. I wanted (to) help because…	・ 四つのイラストを説明しようとしているが、説明が不十分なところがある。 ・ 文法と語彙に多少の誤りがあるが、聞き手が十分に理解できる。 ・ 発音などがおおむね適切である。
A1.2	Last week, I and my… I go(→went)(to)(the) bus station … I help(→helped) other country people on(→to) (the) bus …	・ 四つのイラストのうち、少なくとも二つのイラストの出来事を説明している。 ・ 文法と語彙に基礎的な誤りがあり、聞き手にとって分かりにくいことがある。 ・ 発音などが不自然なところがあり、聞き手にとって分かりにくいことがある。
A1.1	There is (a) bus, there is(→are) people and [keitai…] mobile phone …	・ イラストの出来事に触れているが、適切な説明をしていない。 ・ 文法と語彙に基礎的な誤りが多く、聞き手にとって分かりにくい。 ・ 発音などが不自然で、聞き手にとって分かりにくい。
PreA1	Last week, many travel and sunny …	・ まとまりのない語句を並べる程度で、イラストの出来事を説明していない。 ・ 解答の内容が伝わらない。

Part D 自分の意見を発表する問題

◎出題の趣旨と測定する力
「聞いたこと、自分の意見とその意見をサポートする理由と例を述べる力」
◎採点の観点
「コミュニケーションの達成度」、「言語使用」、「音声」の観点で総合的に6段階で評価

◆出題の内容

問題の指示文

Part D は、英語の授業で、与えられたテーマに対して、自分の意見とその理由を英語で述べる問題です。次の画面で、先生の英語の説明が流れ、テーマと三つのヒントが表示されます。説明を聞き、あなたの意見とそう考える理由を、具体的な例を加えるなどして、できるだけ詳しく話してください。あなたの意見として、三つのヒントから一つ選ぶか、又は、あなた自身の考えを述べても構いません。

この問題の準備時間は60秒間です。録音開始の音が鳴ってから、解答を始めてください。解答時間は40秒以内です。

先生の英語の説明

Hello everyone, today you will make this short speech. "What is a good way to make our town better?" Choose one of these ideas, "concert halls," "parks," "restaurants," or "your own idea." Tell us why this idea is a good way to make our town better. Give reasons and examples in your short speech. Listen again. (同じ内容が繰り返して説明されます)

参考 CEFR-J	解答例 (赤字は、誤り又は正しい表現に直したものです。)	採点のポイント
A2.2	I think concert halls can make our town better because young people can enjoy ... music and dance(→dancing). Maybe famous bands come(→will come) to our concert hall. People love(→will love) dancing and taking pictures there. So, I think we should have more concert halls.	• 自分の意見とその理由を分かりやすく述べている。補足情報を加え、より詳しい説明をしている。 • 文法と語彙を幅広く使い、理由や例などを表現している。 • 発音などがおおむね適切である。
A2.1	I think ... more parks is(→are) nice. We can play soccer in the park and ... ah ... old people can enjoy more parks. And parks has(→have) beautiful flowers ... and ... This(→These are) ... my ideas.	• 自分の意見とその理由を述べている。 • 文法と語彙がおおむね適切で、理由や例などを表現している。 • 発音などがおおむね適切である。
A1.3	Make our town better is ... more restaurants. (→More restaurants are a good idea.) I think restaurants is(→are) very nice. My idea is ... good food ... so my idea is ... good.	• 自分の意見とその理由を述べている。 • 文法と語彙に多少の誤りがあるが、聞き手が十分に理解できる。 • 発音などがおおむね適切である。
A1.2	My idea is ... I want more parks. Parks is(→are) good ... and beautiful.	• 自分の意見を述べているが、その理由が分かりにくいところがある。 • 文法と語彙に基礎的な誤りがあり、聞き手にとって分かりにくいことがある。 • 発音などが不自然なところがあり、聞き手にとって分かりにくいことがある。
A1.1	I think parks is(→are) ... good ... better. Restaurants ...	• 自分の意見を述べているが、その理由を述べていない。 • 文の形を使っているが、一文だけになっている。
PreA1	What is (a) good way make our town ... better? (※問題文を読む程度)	• 語句を並べる程度で、意見とその理由を述べていない。 • 聞き手に内容が伝わらない。

生徒の皆さんへ

・Part A では、文章の内容が聞き手に伝わるよう意識して、音読しましょう。

・Part B, C, D では、できるだけ多くのことを英語で表現するようにしましょう。質問に答えるだけでなく、関連した情報を加えることで、よりよいコミュニケーションにつながります。

・相手が求めていることに対して、学校で学んだことを十分に活用して答えるようにしましょう。

・積極的にコミュニケーションを図る姿勢が大切です。少し複雑な文や表現にもチャレンジしてみましょう。

・英語の授業では、誤りを恐れずに、できるだけ英語を話すように心がけましょう。

・今後は、社会的なことについても、普段の生活で意識して英語で表現してみましょう。

●採点・スコア

　採点は、高度な英語力と英語教育に関する専門知識・技能をもつ専任者が、採点基準に従って行う。

　採点結果は、複数の採点者による採点・審査を経て確定する。

　スコアについては、第六章で詳しく分析するが、令和4（2022）年度の平均スコアは60.5、令和5（2023）年度は65.2、令和6（2024）年度は68.3であった。

●都立高校入試への活用

　ESAT-J YEAR 3の結果は、都立高校の入学者選抜に活用される。

　先に述べたとおり、ESAT-J YEAR 3 の結果は、AからFまでの六段階で評価される。中学校は、ESAT-J YEAR 3の結果として提供を受けた六段階の評価を、生徒の調査書に記載し、生徒の志願先の都立高校へ提出する。都立高校ではAからFまでの六段階で提出された評価を、20点満点の点数として取り扱う。

図表4　ESAT-Jの評価と都立高校入試での点数

ESAT-J結果（評価）	A	B	C	D	E	F
都立高校で取り扱う点数	20点	16点	12点	8点	4点	0点

　都立高校では、学力検査（入試）の得点と、調査書点

（いわゆる内申点）の合計（1000点満点）に、ESAT-J
YEAR 3の結果の点数を加え、総合得点（1020点満点）
を算出し、合否判定を行う。

図表5　都立高校入試の配点

項目	学力検査の得点	調査書点	ESAT-J (YEAR 3)
計算式	100点×5教科	(5×5教科)＋ (5×4教科×2倍)	(A〜F)
合計	500点	65点	
換算後	700点	300点	20点

・学力検査は、国語、数学、英語、理科、社会の5教科。
　各100点満点。
・調査書点は、各教科5段階。国語、数学、英語、理科、
　社会の5教科は1倍、音楽、美術、保健体育、技術・家
　庭は2倍。
・学力検査の得点の合計（500点満点）と、調査書点の合
　計（65点満点）が、7：3になるようにし、1000点満点
　に換算。
・ESAT-J YEAR 3の結果は、20点から0点で算出（20
　点満点）
・合計した1020点満点で、選抜を実施。

　ESAT-Jの活用法の詳細については、下記HP参照。
https://www.kyoiku.metro.tokyo.lg.jp/documents/d/kyoiku/chirashi03

図表6　中学校スピーキングテスト（ESAT-J）のお知らせ

令和6年5月

ESAT-J 中学校英語スピーキングテスト
English Speaking Achievement Test for Junior High School Students

令和6年度
中学校英語スピーキングテスト(ESAT-J) のお知らせ

1 概要｜ESAT-Jとは何ですか？

中学校英語スピーキングテスト (ESAT-J) は、中学校の授業で学んだ英語で「どのくらい話せるようになったか」を測るためのスピーキングテストです。令和4年度から、都内公立中学校3年生を対象にした「ESAT-J」の実施を開始、令和5年度から、中学校1年生対象の「ESAT-J YEAR 1」、2年生対象の「ESAT-J YEAR 2」を開始しました。令和6年度からは、中学校3年生対象の「ESAT-J」を「ESAT-J YEAR 3」という名称にします。

小学校 ＞ 中学校1年生 ＞ 中学校2年生 ＞ 中学校3年生

英語の「話すこと」の力は、様々な人々と自分の考えや気持ちなどを伝え合うためにとても重要です。その力を伸ばしていくためには、テストを通して自分がどの程度できるようになったかを振り返り、結果を基に、今後の目標を設定し、計画的に学習することがとても大切です。

授業で身に付けた「話すこと」の力を試す機会です。
あなたの力を十分に発揮してください。

テスト後、テストの結果は専用のマイページで確認することができます。マイページでは、「あなたが英語を使ってできること」や「学習アドバイス」が掲載されており、英語の「話すこと」の力を向上させるための具体的な学習方法を知ることができます。そして、自分の目標設定に役立てることができます。

※都立高校入試では、中学校3年生対象のESAT-J YEAR 3の結果を活用します。
（ESAT-J YEAR 1、ESAT-J YEAR 2の結果を都立高校入試に活用することはありません。）

2 実施方法｜どのように行われるのですか？

タブレットとヘッドセット（マイク付きヘッドフォン）を使います。
使用するのは中学校英語スピーキングテスト専用の機器です。

・ESAT-J YEAR 3で使用するものは、ESAT-J YEAR 1、ESAT-J YEAR 2で使用したものと同型です。
・6月下旬に、各中学校に体験用のタブレットを送付します。
・タブレット等の使い方を説明する動画を東京都教育委員会ホームページの「ESAT-J 特設ページ」で公開予定です。

タブレット
・バックアップのための音声が録音されます。
・録音の状況を、「見て」確認できます。
・画面上で文字の大きさを選択できます。
・指示文にはルビが付いています。
・問題のイラストを白黒で見やすいように表示します。

◆タブレットのサイズ　幅197.97 x 奥行119.82 x 高さ8.95 mm 重さ約320 g

ヘッドセット
・耳をしっかり覆い、集中できるように設計しました。

◆装着時にマイクは左側にあります。

3 - 問題の構成｜どのような問題ですか?

令和6年度の問題は、段階的に、学んだことを次の学年に生かせるよう、次のような構成になっています。

PART	ESAT-J YEAR 1 出題形式	出題数	ESAT-J YEAR 2 出題形式	出題数	ESAT-J YEAR 3 出題形式	出題数
A	英文を読み上げる	1	英文を読み上げる	2	英文を読み上げる	2
B	質問を聞いて応答する／意図を伝える	3	質問を聞いて応答する／意図を伝える	4	質問を聞いて応答する／意図を伝える	5
C	イラストを英語で説明する	1	イラストを英語で説明する	1	ストーリーを英語で話す（4コマ）	1
D	ストーリーを英語で話す（3コマ）	1	ストーリーを英語で話す（3コマ）	1	自分の意見を述べる	1

詳しくは「ESAT-J 特設ページ」で公表されているサンプル問題を確認してください。

4 - 実施日・会場｜いつ、どこで行われるのですか?

ESAT-J YEAR 1　ESAT-J YEAR 2	ESAT-J YEAR 3
実施日： 令和7年1月から3月までの1日 ※実施日は学校から連絡があります。 会　場： 在籍する中学校	実施日： 令和6年11月24日(日) 予備日： 令和6年12月15日(日) 会　場： 都立学校、大学、民間施設等

5 - 受験の流れ｜いつ、どのように申し込むのですか?

実施に関する詳細は、在籍中学校から配布される通知でご案内します。

ESAT-J YEAR 1　ESAT-J YEAR 2	ESAT-J YEAR 3
必要な手続きは、学校を通じてお知らせします。	WEBによる申し込みが必要です。詳しくは、6月頃に配布される「申し込みマニュアル」を確認してください。 ・7月上旬から9月中旬まで 受験申し込み ※特別な配慮を希望する場合は申請を行います。 ・11月 受験票及び受験の手引き配布

中学校英語スピーキングテスト（ESAT-J）について
ESAT-J（English Speaking Achievement Test for Junior High School Students）は、中学校の授業で身に付けた英語の「話すこと」の力を測るためのスピーキングテストです。東京都教育委員会は、「グローバル人材育成方針」の取組として、小・中・高校で一貫した英語教育の推進により、生徒の「使える英語力」の育成を目指します。

担当　　東京都教育庁　グローバル人材育成部　国際教育企画課　国際教育推進担当

●ESAT-J YEAR 1、YEAR 2の実施

　ESAT-Jは、中学校での指導を一層充実させていくために、スピーキングの力を客観的に評価する目的で実施するアチーブメントテストである。その真価はテストを実施すること自体ではなく、テストの結果を活用して、一人ひとりの学習や授業の改善につなげることで、スピーキング力を高めていくことにある。

　このねらいを明確にして中学校3年間を通した学習につなげていくことができるように、令和5（2023）年度から、中学一年生のときにESAT-J YEAR 1を、中学二年生のときにESAT-J YEAR 2の実施を開始した。これにより、都内公立中学校では、それぞれの学年で、スピーキング力を把握し、その推移を一人ひとりが確認して学習につなげていくことができる仕組みが完成した。

　ESAT-J YEAR 1、YEAR 2は、中学生が在籍している中学校を会場として、1〜3月（令和6〔2024〕年から2、3月）に行う。テスト問題は、三年生用と同じように、学習指導要領に基づき、一年生用の問題、二年生用の問題を、都教育委員会と事業者が独自に作成している。

　なお、三年生が受けるESAT-J YEAR 3は、結果を都立高校入試に活用しているが、YEAR 1、YEAR 2については、入試に使うことはない。

図表7　令和5年度問題　ESAT-J YEAR 2（中学校2年生対象）
　　　問題と解答例

ESAT-J YEAR 2 本試験問題及び解答例

ESAT-J YEAR 2 は、次の三つの観点で、皆さんが話す多様な解答を評価します。

「コミュニケーションが達成できているか。」「言語使用は適切であったか。」「相手に伝わる音声で話せているか。」

Part A 音読の問題

Part A は、音読の問題で、2問あります。聞いている人に、意味や内容が伝わるように、英文を声に出して読んでください。

それぞれの英文に準備時間が30秒間あります。録音開始の音が鳴ってから、音読を始めてください。録音時間は45秒です。

No.1　あなたは、今から自分のことについてクラスで説明するところです。

> Hi, everyone! I go to dance class with my friends. There are twenty people in the class. We practice three days every week. We will dance at the school festival. Please come and watch us.

No.2　あなたは、今から留学生のケイトをクラスのみんなに紹介するところです。

> This is Kate. She came to Japan to visit our school. She loves running. This weekend, we are going to go running in the mountains. We hope it will be sunny.

Part B 会話の問題

Part B は、会話の問題で、4問あります。あなたは、日本に来たばかりの留学生のジャンと話しています。はじめに、ジャンがあなたに三つの質問をします。

この質問に準備時間はありません。それぞれの質問の解答時間は20秒以内です。録音開始の音が鳴ってから、解答を始めてください。

Q1. What do you like to do on weekends?

> 解答例
> ・I like to play tennis.　・I like playing video games.
> ・I love meeting and talking with my friend(s).

Q2. Which is better, eating at home or eating at a restaurant?

> 解答例
> ・I like eating at a restaurant.　・Eating at home.　・I think eating at home is better.

Q3. Why do you think so?

> 解答例
> ・Because I can eat many kinds of food.　・Because I like cooking.

今度は、あなたがジャンに対して、次の画面で表示される内容について質問する番です。
この問題の準備時間は15秒間です。録音開始の音が鳴ってから、質問してください。質問時間は20秒以内です。

Q4. ジャンに対して、次のことを質問してください。

「食べてみたい日本食」

解答例
・What kind of Japanese food do you want to eat?
・What Japanese food do you want to try?

Part C イラストを説明する問題

Part Cは、1枚のイラストについて説明する問題で、1問あります。どこに、何が見えますか。また、誰が何をしていますか。それぞれ、できるだけ多く解答してください。
この問題の準備時間は20秒間です。録音開始の音が鳴ってから、解答を始めてください。解答時間は45秒以内です。

解答例
・There are two guitars on the desk.
・I can see four pictures on the wall.
・A drum is under the pictures.
・A woman is playing the piano.
・There are two boys by the piano. They are singing.
・A girl by the desk is listening to music.

Part D ナレーションをする問題

Part Dは、3枚のイラストについて説明する問題で、1問あります。あなたは授業で、バリー先生に先週の出来事を英語で説明しようとしています。次の3枚のイラストがあなたの先週の出来事であるとして、次の画面で表示される表現を最初に使って解答してください。
この問題の準備時間は30秒間です。録音開始の音が鳴ってから、解答を始めてください。解答時間は50秒以内です。

この表現を最初に使って解答を始めてください。

Last week …

※ Me と表示されている人物が自分だとしてください。

解答例
・Last week, I went to a/the park with my dog. I met my friend there.
・(Then) I walked my dog. My friend played soccer.
・My friend ate a sandwich, and I drank some water.

第五章 ｜ **スピーキング・テスト（ESAT-J）の基本的成り立ちや特徴**

本章では、東京都のスピーキング・テスト（ESAT-J）の基本的成り立ちについて、基本的なスキームに分けて具体的に見ていく。そのうえで、テストの特徴やねらいについても説明していく。一つひとつについて、多くの関係者によるさまざまな意見や見方を踏まえ、真摯な検討を経てこのスキームに決定してきたものであり、その背景が理解していただけると思う。

● 基本スキーム①
「達成度を見る『絶対評価』の試験」

　前章でも述べたとおり、ESAT-Jは、中学校卒業段階での英語「話す力」の達成度を評価するために実施するアチーブメント・テストである。
　一般に、テストには、次の二種類がある。

① 「**集団に準拠した評価**」（いわゆる「**相対評価**」）
　学年や学級などの集団において、どのような位置にあるかを見る評価。
② 「**目標に準拠した評価**」（いわゆる「**絶対評価**」）
　目標（ESAT-Jの場合、学習指導要領に示される内容）がどの程度実現されたか、その実現状況を見る評価。

「集団に準拠した評価」の代表例は、入試である。一般的な入試は、合格・不合格を判定するために行われるもので、

集団（受験者）のなかの位置（順位）を測るために行われる。問題作成にあたっては、難易度や平均点をあらかじめ想定し、受験者の点数が適度に分散して選考（合否ラインの設定）を行うのに適するように、問題作りが行われる。

それに対して、「目標に準拠した評価」の代表例は検定試験などである。あらかじめ級やスコアなどの基準をつくっておき、その基準に達しているかどうかを測る。極論すれば、受験者全員が基準に達していれば全員が合格となりうる。

ESAT-Jは②の「目標に準拠した評価」を行うテストである。授業で行っている内容をしっかりと身につければ、誰もがよい評価を得ることができる。差をつけるために行うテストではないからである。

また、「集団に準拠した評価」のテスト、つまり入試などの試験とは、採点の仕方が大きく異なる。多くの試験では、いわゆる満点があり、全部正解なら満点、満点から誤答の点数を減じていくことで、試験結果の得点が産出される。この方式だと、受験生はミスをしないことを目標にする傾向となり、積極的なコミュニケーションに対して否定的な影響を及ぼすことになりがちである。

東京都のスピーキング・テスト、ESAT-Jは、前章で述べた評価の観点により採点され、都教育委員会の設定する指標「ESAT-J グレード」で評価される。

ESAT-J グレードは、AからFの六段階で設定されるもので、外国語の学習・教授・評価のために世界的に用いられている「ヨーロッパ言語共通参照枠（Common European Framework of Reference for Languages：CEFR）」（第一章参照）と関連させている。CEFRのグレードはA1、A2、B1、B2、C1、C2の六段階（C2が最上位）に分かれており、言語を使って「具体的に何ができるか」という形で言語力を表す「can-do descriptor」によって示されている。令和2（2020）年に改訂された学習指導要領においても、このCEFRについて記述されている。

　現在、英検やTOEFL®などの資格検定試験は、このCEFRとの関連が示されている。生徒が将来、これらの資格・検定試験を受ける場合に、比較しながら円滑に接続することができるように、ESAT-Jの基準もCEFRと関連させているのである。

　また、ESAT-Jの評価は、IRT^{※1}と呼ばれる考え方により、採点結果を統計的に処理して100から0までのスコアとして算出される。IRTによる統計処理は、資格・検定試験で広く使われている手法で、異なる問題からなるテストの結果を互いに比較することができることや、異なる集団で得られたテストの結果を互いに比較することができるなどのメリットがある。

　ESAT-Jは、これらの工夫により、満点から間違えた点数を減じていく一般的なテストと異なり、受験者の積極的

な発話を促し、できたことを積み上げてスコアを算出して
いくことを可能にしている。

●基本スキーム②
「都内公立中学校全生徒を対象（11月実施）」

　基本スキーム①で述べたように、ESAT-Jは、入試とし
てのテスト設計はしていない。都立高校を受験する生徒だ
けではなく、都内公立中学校の全生徒に活用してもらうこ
とを目指していることから、都内公立中学校の全生徒を対
象として、11月に実施している（都立高校の受験を想定
していれば、都外在住の中学生も受験できる）。

　実施日程については、採点期間の確保のみならず、中学
校の行事や進路指導の日程、高校入試の日程等さまざまな
要素を考慮したうえで、中学校・高校の教員や区市町村教
育委員会等の意見を踏まえて、最終的に決定している。

●基本スキーム③
「学習指導要領に基づいた都独自の出題内容」

　前章でも述べたように、ESAT-Jは、東京都教育委員会
の出題方針に従って、オリジナルの問題を作成し出題して
いる。各中学校で実際に行われている授業での、学習の成
果を測るというのが基本方針であることから、普段の授業
でも広く行われる英語を使った活動を踏まえて出題してい
るというわけだ。

　評価は、コミュニケーションの達成度（コミュニケーシ

第五章　スピーキング・テスト(ESAT-J)の基本的成り立ちや特徴　│　95

ョンの目的が成立したかどうか）、言語使用（語彙や文の
構造、文法の適切さや正しさ、発話した内容に一貫性があ
るか、論理構成が適切かどうか）、そして音声（発音、強
勢、イントネーション、区切り）を観点として行う。これ
らの観点は、学習指導要領に基づいたもので、中学校の授
業における評価の考え方と基本的に同じである。

　繰り返しになるが、発音は、ネイティブスピーカーのよ
うな発音で話せるかどうかを評価するものではない。世界
ではすでに、英語を母語としない人（ノンネイティブ）に
よる英語コミュニケーションのほうが、ネイティブ同士の
使用場面より多くなっている。世界中の人が、母語の影響
を受けた自分ならではのアクセントで堂々と英語を使いこ
なし、コミュニケーションを行っている。
「相手に伝わるかどうか」という観点から、その目的を達
成するために必要な水準の発音で話されているかに重きを
置くようにしている。

●基本スキーム④
「民間の資格・検定試験実施団体の活用」

　東京都ESAT-Jは、8万人にも上る中学三年生が対象と
なる大規模な試験である。また、都立高校入試に活用する
試験であることから、スピーキングという技能の特性を踏
まえた試験を確実に実施し、期日までに公正な採点・評価
を確実に完了することが求められる。そのために、タブレ
ットやヘッドセット等の機器の調達、試験当日の運営、問

題や解答、個人データ等の機密の保持などを確実に行い、テストを滞りなく適正に実施する必要がある。

こうしたことから、都教育委員会は、英語の資格・検定試験の運営実績のある民間事業者と協定を締結し、ESAT-Jを実施している。事業者の実績やノウハウを生かして資材の調達と輸送、試験運営、問題作成及び採点の進捗の管理、申し込みから結果返却までのシステムの構築などを行い、大規模な試験の円滑な実施を担保している。

さらに既存の検定試験をそのまま使うのではなく、学習指導要領を踏まえた独自の試験を作成して実施するとともに、公平・公正な試験を安定的に実施することを目指している。

なお、事業者の選定にあたっては、「中学校英語スピーキング・テスト募集要項」により公募し、外部有識者や学校関係者等からなる事業技術審査会において、審査基準（公開）を基に事業者の企画・提案等を審査し、最優秀事業応募者を決定している。最初の事業者はベネッセ・コーポレーションで、5年間の協定期間、共同事業を担当した。その後、新たに英国の政府機関であるブリティッシュ・カウンシルとともに、試験を実施している。

●基本スキーム⑤
「入試に活用する試験を一本化」

英検、G-TEC、IELTSなど、すでに社会で広く認知さ

れ、実績のある英語の民間資格・検定試験は複数存在している。令和2（2020）年に開始が検討されていた大学入試改革では、これら複数の試験から受験者が何を受けるかを選択し、結果を活用することを可能とするスキームであった。

　一方で、都立高校入試にスピーキング・テストの結果を活用するにあたっては、複数の試験の結果を比較し、互換性をとりながら同一の基準にあてはめることは困難であるとの結論に至った。

　その結果、入試における取り扱いの納得性が広く得られるよう、都独自の試験を実施し、その結果を活用することにした。

●基本スキーム⑥
「受験費用は無償、都内200会場以上で実施し、機会を公平化」

　ESAT-Jの実施にあたっては、経済的負担や居住地による受験機会の公平性を担保する観点から、受験にかかる費用は都教育委員会が負担し、受験機会は各受験者1回とすることにした。

　また、試験実施会場を多数設定することで、なるべく自宅から近い場所で受験することができるようにした。会場として都立高校や東京都の施設、大学など、200会場以上を設置したうえで、受験生となる中学生を、学校単位で会場に割りあてた。

各中学校の生徒数はまちまちであるし、試験会場の収容人数もさまざまであることから、全体から見た組み合わせの最適解を見つける作業は複雑である。生徒一人ひとりを個別に会場に配置したほうが、自宅からより近い会場を割りあてるという単純な作業で完結するし、各会場の収容人員に合わせて、効率的な配置ができる。

　しかし、同じ中学校、クラスのなかで、会場が異なることによる生徒の混乱を防ぐことを優先し、同一中学校の生徒は同一会場で受験するというルールで配置している。

●基本スキーム⑦
「専用タブレットで解答を録音する方法で、公平・公正な採点を担保」

　前章で紹介したように、ESAT-Jは、タブレットとヘッドセットを使い、問題を聞きながら、解答音声を録音する方式で実施している。

　四技能を測る資格検定試験では、CBT（Computer Based Testing：コンピュータを使ったテスト）方式で行うものと、面接を行うものがある。ESAT-Jは、最大で8万人の受験者がおり、短期間で正確な採点・評価を完了する必要がある。

　フィージビリティ・テストでの検証も踏まえ、公平・公正な試験を安定的に実施するには、CBT方式で実施することが適切であると判断し、専用のタブレットを使って実施している。

●受験上の配慮事項

　合理的配慮を要する生徒に、特性に応じた12種類（令和6〔2024〕年度）の対応を行う（図表1）とともに、合理的配慮を提供する特別会場を設置している。

図表1　ESAT-J受験上の配慮（令和6〔2024〕年度）

配慮区分	障害等の内容	受験上の配慮の概要
1	視覚関係（点字・拡大文字）	点字問題による受験(解答時間の延長あり)
2		拡大問題冊子による受験(解答時間の延長あり)
3		拡大問題冊子による受験(解答時間の延長なし)
4	聴覚関係	音(音声)を文字化した問題での受験（音声の聞き取りなし／解答時間の延長あり）
5		音(音声)を文字化した問題での受験（音声の聞き取りあり／解答時間の延長あり）
6		音(音声)の聞き取りありでの受験（音声を文字化した問題なし）
7	吃音・発話障害関係	解答時間の延長
8	上肢不自由	受験会場等に関する配慮
9	発達障害	受験会場等に関する配慮(解答時間の延長あり)
10		受験会場等に関する配慮(解答時間の延長なし)
11	下肢不自由	受験会場等に関する配慮
12	その他(持病・対人恐怖等の心理面での配慮が必要な場合等)	受験会場等に関する配慮

出典：東京都教育委員会「令和6年度受験の手引き」

●スピーキング・テスト特有の事象への対応

改めて言うまでもないが、スピーキング・テストでは受験生が音声を発することが必須となる。TOEFL iBTなどを受験した経験がある方はご存じかと思うが、スピーキングを含むテストの実施は、一般の筆記試験が静謐（せいひつ）な環境のもとで粛々と行われていくのとは様相を大きく異にする。このスピーキング・テスト特有の事象を踏まえ、テストを適正に実施するための工夫が必要となる。

現に、すでに実施されている資格・検定試験でも、相応の対応がなされているが、ESAT-Jの実施にあたっては、中学生が受験することを考慮し、周りの声が聞こえにくくしてテストに集中しやすくするよう、さらに特別な対応をして実施している。

具体的には、建物内での使用する教室の配置、教室内の机の配置のほか、遮音対策を施した特別なヘッドセットの使用、周りの音を消すホワイトノイズの使用など、さまざまな対策を組み合わせて実施している。

註 ─────────────────────────

※1 IRT（Item Response Theory）
　　項目応答理論。受験者による解答が、正答だったか誤答だったかについて、その理由が問題の特性（難易度、測定精度）によるものなのか、受験者の学力によるものなのかを区別して分析し、受験者の学力スコアを推計する統計理論。
　　PISA、TOEIC・TOEFL®等の英語資格・検定試験、医療系大学間共用試験等で採用されている。
　　各設問の難易度や測定精度等を用いて、IRTの数式により、受験者の能

力値を推定する。

この値は、難易度の高い問題に正答していると高めに算出され、逆に難
易度の低い問題に誤答してしまうと低めに算出される。推定された能力
値は、スコアで分かりやすく示される。

●ESAT-Jの説明動画

ESAT-J について、理解が深まるように中学生や保護者に向けた動画を公開している。

「ESAT-Jで英語のレベルアップをめざそう!」
(ESAT-J 直前チェック動画)

ESAT-Jで英語の
レベルアップを
めざそう!

生徒・保護者の方対象
どうして英語を学ぶの? 英語を学ぶ意義や目的について、パックンが分かりやすく説明してくれます。

英語で
世界とつながろう

●ESAT-Jにつながる学習の紹介

スピーキングの力を身につけるための学習方法を紹介したリーフレットを配布している。

ESAT-J | 中学校英語スピーキングテスト
English Speaking Achievement Test for Junior High School Students

令和6年7月

令和6年度より、「ESAT-J」は、中学校の全学年を対象として実施するスピーキングテストの総称としています。

令和6年度
中学校英語 スピーキングテスト（ESAT-J）のお知らせ【学習編】

1 英語の「話すこと」の力を身に付けよう！

学校の授業は、英語を使うことのできる大切な時間です。積極的に英語を使って、多くの人とコミュニケーションを図りましょう。
また、授業以外でも、自分に合った教材を使い、自分のペースで英語学習に取り組むことで、更に力を伸ばすことができます。

授業では…
積極的に英語を使用し、先生や
友達とコミュニケーションを図る。

授業以外の時間には…
自分に合った教材を選ぶ。
自分のペースで取り組む。

2 Tokyo GLOBAL Student Navi で学ぼう！

東京都教育委員会のポータルサイト **Tokyo GLOBAL Student Navi** には、中学校1年生から3年生の皆さんの興味や関心に応じて、無料で使えるオンライン英語学習教材が掲載されています。スピーキングの練習をするときに活用できる、全学年対象の学習教材（2種類）を紹介します。

Tokyo **GLOBAL** Student Navi
東京都教育委員会

Let's Practice 1 Tokyo Global Studio 　　　　基本文をマスターしよう！

▼**教材のねらい**

ドラマ（動画）を視聴したり、付属のワークシートを活用したりすることで、学校で習う基本文の理解を深めます。【学習時間のめやす：約20分】

▼**学習の進め方**

① 動画（ドラマ）
ドラマを視聴し、
基本文を確認【約2分】

② 動画（基本文）
基本文を繰り返して
発音を練習【約7分】

③ ワークシート
基本文をワークシートで
確認

④ 動画（練習問題）
Speaking Training 1
（音読など）【約7分】

⑤ 動画（練習問題）
Speaking Training 2
（質問応答など）【約4分】

I'm going to see my grandfather next winter. He lives in Hokkaido. My family and I are going to stay there for a week. We are going to go skiing there. It's going to be so fun.

What are you going to do this weekend?

▼**各 Unit のめやす（難易度）**

Unit 1 ～ 15 ：　中学1年生程度
Unit 16 ～ 27 ：　中学2年生程度
Unit 28 ～ 40 ：　中学3年生程度

Let's Practice 2 中学校英語「話すこと」トレーニング

レベルを選んで、力試しをしよう！

▼教材のねらい

動画による練習問題に回答することで、即興的に話す練習をします。

▼問題の種類（4種類）

テキストを音読する。【約2分】

発音やアクセントに気を付けるだけではなく、聞き手によりよく伝わるように、イントネーションやリズム、間の取り方に気を付けてみましょう。

質問に答える。質問する。【約8分】

質問に答えるときは単語や一文で答えるのではなく、聞き手により多くのことが伝わるように、一文か二文付け加えてみましょう。

状況を描写・説明する。【約2分】

表示されるイラストの内容について、できるだけたくさんのことを表現して伝えるようにしましょう。

考えや意見を述べる。【約3分】

自分のスピーチが、話のテーマに沿っているか、聞き手にとって分かりやすい展開や構成になっているか確認してみましょう。

▼学習の進め方

① 4種類の問題から練習したい問題を選ぶ。
② Stageを選ぶ。
③ 問題に取り組む。
④ 解答例を聞いて、内容と音声を確認する。

▼各 Stage のめやす（難易度）

Stage 1： 中学1年生程度
Stage 2： 中学2年生程度
Stage 3： 中学3年生程度

※自分に合ったStageや挑戦したい問題など、どの問題からでも練習を始めることができます。

3 Let's TRY ESAT-J !

ESAT-Jの問題は、英文の音読、質問への応答や質問、発表など、普段の授業で取り組んでいることが出題されます。英語学習を通してどのくらい話せるようになったか、実際にサンプル問題に挑戦してみましょう。

ESAT-J YEAR 1 　　　ESAT-J YEAR 2 　　　ESAT-J YEAR 3

中学校英語スピーキングテスト（ESAT-J）について

ESAT-J (English Speaking Achievement Test for Junior High School Students) は、中学校の授業で身に付けた英語の「話すこと」の力を測るためのスピーキングテストです。東京都教育委員会は、「グローバル人材育成指針」の取組として、小・中・高校で一貫した英語教育の推進により、生徒の「使える英語力」の育成を目指します。

担当　東京都教育庁 グローバル人材育成部 国際教育企画課 国際教育推進担当

第五章　スピーキング・テスト(ESAT-J)の基本的成り立ちや特徴 | 105

第三部
スピーキング・テストのインパクト

第六章 | **スピーキング・テスト
（ESAT-J）導入後の経過**

●スピーキング・テスト(ESAT-J)3年間の結果

スピーキング・テスト(ESAT-J)の結果を入試に活用するようになった令和4(2022)年度から令和6(2024)年度まで、令和7(2025)年時点で3回の試験が実施されている。年度ごとの結果を見ていくことにする。

〈全体〉

まず、AからFの六段階で評価される、ESAT-Jのグレード別分布について見てみる。

図表1 ESAT-J グレード別度数分布

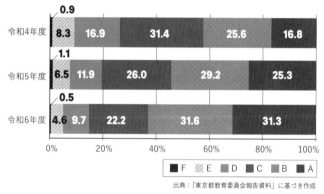

出典:「東京都教育委員会報告資料」に基づき作成

グレード別の度数分布は図表1のとおりであった。A、B、Cの上位グレードの評価となった生徒の割合は、令和4(2022)年度73.8%から令和6(2024)年度85.1%と、3年の経過とともに割合が増加している。

また、CEFRのA2レベル（高校段階での目標レベル）に達している（グレードAに該当）受験生の割合も、令和4（2022）年度の16.8％から令和6（2024）年度の25.3％へと増加している。

　次に、100〜0で評価される、ESAT-Jのスコア度数分布について見てみる。

図表2　ESAT-Jスコア度数分布

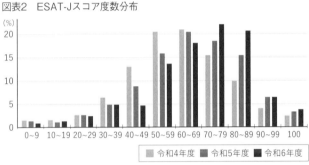

出典：「東京都教育委員会報告資料」に基づき作成

　スコアと度数分布は図表2のとおりであった。
　平均スコアは令和4（2022）年度は60.5、翌令和5（2023）年度は65.2、令和6（2024）年度は68.3であった。またスコアの分布は全体的に右（高いスコア側）に山が移動している。

　初年度である令和4（2022）年度の結果は、おおむね期待された水準に達するものであった。これは、第二章でも

述べたように、中学校ではスピーキングを含む四技能を伸ばす授業が積極的に行われており、一定の成果を上げていることを裏付けるものとなったと言える。

　また、3年半前、平成31（2019）年2月に、都立高校入試でスピーキング・テストの結果を活用することが公表されて以来、教員や生徒・保護者の間で、四技能を学ぶことの重要性や意味が改めて理解されたことも要因として考えられる。さらに小学校で三年生からの外国語活動、五年生からの外国語の授業における指導の充実も要因として考えられる。

　2年目の令和5（2023）年度、前年度を上回る結果となったのは、都教育委員会と事業者がテスト結果を分析し、成果や課題を、区市町村教育委員会や英語教員と共有することで、中学校における英語の指導が改善された結果と考えられる。

　3年目の令和6（2024）年度は、前年度に引き続きスコアが上昇した。これは、さらに学校での指導改善が進んだことはもとより、自分について解答する問題が出題され、積極的に解答する生徒が増えたことも、成績が上昇した要因のひとつと考えられる。また、前年度からESAT-J YEAR 1、ESAT-J YEAR 2が実施されており、この年の受験者は、中学二年生のときYEAR 2を経験している。結果的に早い段階から、スピーキングを含めた四技能の学習に積極的に取り組むきっかけとなっていたと考えられる。

区市町村教育委員会や中学校での取り組みについては、第七章、第八章で詳しく述べる。

〈評価の観点別〉

先にも示したが、ESAT-Jは、次の三つの観点から評価される。

ア 「コミュニケーションの達成度」
コミュニケーションの目的の成立

イ 「言語使用」
語彙や表現の使い方や幅広さ、内容の一貫性、論理構成

ウ 「音声」
発音、イントネーションなど

これらの観点別に、評価を分析してみる。

ア「コミュニケーションの達成度」

毎年、多くの受験生が、自分のしたいことや、すでに行ったことについて、聞き手が問題なく理解できる応答をすることができていると評価できた。一方で、不足している情報について自分から尋ねる場面や、イラストの内容を伝える場面で、表現の誤り、曖昧さや発話量の不足により、コミュニケーションの目的が成立していない例が見られる等の課題があった。

初年度には、「生徒にとって、昼食は同じものを食べるのと異なる食べ物を選ぶのと、どちらがよいか、あなたの

意見を、理由とともに答えてください」という質問に対して、自分の意見を事実と区別して答えることや、自分の意見とその理由を区別して答えることができないため、評価が低くなる受験者が多く見られた。

　都教育委員会は、ESAT-Jの試験結果の分析から見えるこのような課題と、それに対する指導の改善の方法などを中学校の教員と共有し、改善を促した。これらにより、翌年度からは、八割以上の生徒が、自分の意見とその理由を、事実とは分けて具体的な事例を用いるなどして伝えることができていると評価できるようになった。

イ「言語使用」

　各年度、五割程度の受験者が、出来事や自分の考えを、既習の語彙や表現、文法事項を活用して、相手に伝えることができている。

　一方で、使用している語彙や表現が限られていたり、語彙や文構造及び文法に誤りがあったりすることにより、相手に伝えたい内容が適切に伝わらない例が見られた。

　また、ストーリーを説明する問題や、意見や理由を答える問題では、初年度には接続詞などのつなぎ言葉を使えず、説明が分かりにくい解答が散見されたが、次年度以降は、簡単な接続詞を用いて、アイディアを順序立てて伝えることができている解答が増加した。

ウ「音声」

年度を重ねるにつれ、大きな声で明瞭に話す解答の割合が増えていると評価される。全体として、内容は聞き手に伝わるものの、いくつかの単語の発音ができなかったり、英語らしいリズムやイントネーションに欠けたりする例が見られた。3年目の令和6（2024）年度には、意味や内容が相手に伝わるように読んだり、話したりするよう心掛けていると見られる解答が増えていると評価できた。

　なお、これらの評価と分析を踏まえて、スピーキングの力を伸ばすために心掛けることや、勉強方法などのTIPS（ヒント）を、巻末に掲載している**（付録　スピーキングの力を伸ばすためのTIPS）**ので、それも参考にしていただきたい。

●英語力の向上

　英語力の向上について、別のデータに基づき分析してみる。
　第二章で、文部科学省が毎年、全国規模で実施する「英語教育実施状況調査」結果を引用し、全国の状況を分析したが、ここで東京都の状況に絞り、長期に亘る推移を含めて分析してみたい。
　なお、この調査の対象は公立小・中・高等学校の児童・生徒であることを述べておく。東京では中学生の約27％、高校生の約59％が、中学受験等を経て国・私立学校に通っているが、以降に扱うデータは、公立学校に通っている生徒のものである。

第六章　スピーキング・テスト（ESAT- J）導入後の経過　113

図表3　東京都の中学三年生のCEFR A1レベルの生徒割合

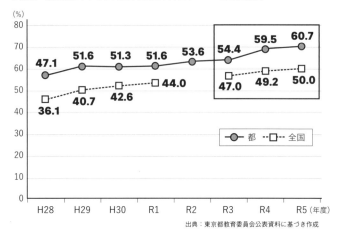

出典：東京都教育委員会公表資料に基づき作成

　現時点で最新の令和5（2023）年度に、文部科学省が目標として設定し、調査対象としているCEFR A1（英検3級程度）の割合は60.7％であった（図表3）。

　平成28（2016）年度には47.1％だった割合は、平成29（2017）年度に国の目標である50％を超えて上昇しており、全国トップの水準を維持している（令和5〔2023〕年度は、全都道府県中2位）。

　参考までに、東京都の高校三年生の英語力についても、推移を見てみる。

図表4　東京都の高校三年生のCEFR A2レベルの生徒割合

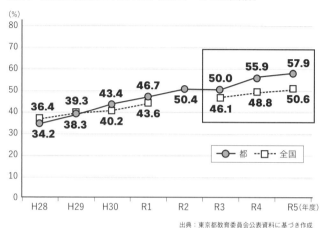

出典：東京都教育委員会公表資料に基づき作成

　高校生についても、目標レベルを達成している生徒の割合は年々上昇している。

　平成28（2016）年度には、東京都の割合は全国平均を下回るという厳しい状況であった。その後の上昇により、令和5（2023）年度には全国平均を7.3％上回るまでになった（全都道府県中4位〔図表4〕）。

　図表5から分かるように、目標レベルに達している生徒の割合は全国的に上昇している。そのなかで、東京都は全国平均を大きく上回るだけでなく、全国平均との差が拡大している。

図表5　CEFR A1（英検3級）以上の英語力をもつ中学生と
　　　 CEFR A2（英検準2級）以上の英語力をもつ高校生の割合

		令和3年度	令和4年度	令和5年度
中学生 （英検3級 以上の割合）	東京都	54.4	59.5	60.7
	全国	47.0	49.2	50.0
	差	7.4	10.3	10.7
高校生 （英検準2級 以上の割合）	東京都	50.0	55.9	57.9
	全国	46.1	48.8	50.6
	差	3.9	7.1	7.3

出典：東京都教育委員会及び文部科学省公表資料に基づき作成

　なお、『日本経済新聞』の記事（令和6〔2024〕年2月17日付「東京の英語力伸び全国一」）によると、平成28（2016）年度から令和5（2023）年度までの7年間で見ると、東京の英語力の伸び率は全国一であったとのことである。

　別のデータを参照してみる。文部科学省は毎年、小学六年生と中学三年生を対象に「全国学力・学習状況調査」を行っている。令和5（2023）年4月に実施された試験の結果は図表6のようなものであった。

図表6　全国学力・学習状況調査「平均正答率（％）と順位」
（令和5〔2023〕年4月実施）

| | 小学六年生 | | | | 中学三年生 | | | | | |
| | 国語 | | 算数 | | 国語 | | 数学 | | 英語 | |
	平均正答率	順位	平均正答率	順位	平均正答率	順位	平均正答率	順位	平均正答率	順位
東京都	69	6	67	1	72	4	54	3	52	1
全国	67.4	―	62.7	―	70.1	―	51.4	―	46.1	―
全国との差	1.6	―	4.3	―	1.9	―	2.6	―	5.9	―

出典：文部科学省公表資料に基づき作成

　これを見ると、小学六年生、中学三年生ともに、東京都は全国平均を上回り、上位の順位となっていることが分かるが、なかでも中学三年生の英語（「聞くこと」「読むこと」「書くこと」）は、順位が1位で、かつ全国平均との差が5.9と他教科に比べて大きい。付け加えると、抽出による参考値ではあるが、英語の「話すこと」については、全国12.4％に対して東京は16.4％と、大きな差となっている。

　また、高校三年生の英語力に関しては、文部科学省が目標として設定し、調査対象としているCEFR A2（英検準2級程度）より一段高いレベルである、CEFR B1（英検2級程度）の割合についても上昇しており（令和5〔2023〕年度は29.6％）、全国でも上位の水準を維持している（令和5〔2023〕年度は11位）。

これらは、第二章で述べたように、中学校での英語授業の顕著な改善と、都教育委員会及び区市町村教育委員会によるさまざまな施策が、成果として表れてきたものと考えられる。

●試験実施・運営に関する　都教育委員会と事業者の対応

　ここからは、テストの結果から一旦離れ、スピーキング・テスト（ESAT-J）の実施や運営に関する経緯について述べたい。

〈試験申し込み、試験当日の運営など〉

　前述のとおり、スピーキング能力を測るテストを、日本の中学生に、8万人規模で実施することは、大きな挑戦と言える。だからこそ、有識者や教育委員会、学校等の関係者と十分な検討を行って方針を固め、それに基づいて、資格検定試験の実績のある事業者と準備を進めた。少し細かい記述になるが、広く参考になる点もあると考え、述べることにする。

　着実な実施のため、3年に亘るプレテストを通じて検証を重ね、入試活用を始めた令和4（2022）年度の実施を迎えた。入学試験での活用開始後も、テストの実施状況も踏まえ、細かな改善を重ねている。

　入試活用初年度には、準備期間の想定より会場数を増や

し、都立高校や大学など210ヶ所を会場として設定した。また、地域の交通事情に応じて、バスをチャーターしてアクセスを確保した。

　入試活用2年目には、前年度の実施状況や中学校、区市町村教育委員会からの意見を踏まえて改善を行った。まず、試験会場をさらに増やして242ヶ所とし、原則、居住する区市町村に設置した会場で受験できるようにした。また、いわゆる特別支援などに関する受験上の合理的配慮について、周知を早期から行い、申請期間を延長したほか、特別会場の数を増やして生徒の移動時間が短くなるようにした。さらに、緘黙や吃音の生徒等については、希望に応じて別日程で体験受験ができるようにした。

　タブレットやヘッドセットの使用について、事前に使用方法をリーフレットや動画で案内するとともに、試験当日も操作方法の案内や不具合の確認など、試験監督から生徒への案内を工夫した。

　困ったことや分からないことがあったら、試験中はもとより、試験終了後でも、会場にいる試験監督に声をかけるよう改めて周知した。

　合理的配慮を要する生徒のための特別会場の数を11月の本試日には21会場、そして、12月の予備日には12会場と、前年度より会場を増やし、生徒の移動時間が短くなるようにした。加えて特別会場には合理的配慮に関する研修を受けた試験監督や、特別支援教育を専門とする都教育委

員会の職員を派遣して、実施の状況を把握し生徒への支援を行った。

　一般の会場も含め、試験会場全体では、教室や机の配置を工夫するなど、生徒がより集中した環境で受験できるように工夫した。

　3年目となる令和6（2024）年度は、保護者・生徒がWeb上で「マイページ」を開設する仕組みに変更した。また、生徒はオンライン上で受験に関する情報や、学習に活用できる情報にアクセスすることができるようになった。将来的には、ESAT-J YEAR 1や同YEAR 2の結果についても継続的に参照することができるようになる予定である。さらに、試験会場も前年度よりさらに増やしたほか、使用するタブレットやヘッドセットも新しい規格のものに更新し、生徒が使いやすく試験により集中できるよう改善した。

〈事業者〉

　ESAT-Jを共同で実施する事業者との協定期間は5年間としている。先述のように、令和元（2019）年度から令和5（2023）年度まではベネッセ・コーポレーション、令和6（2024）年度から令和10（2028）年度まではブリティッシュ・カウンシルが事業者である。

　ベネッセ・コーポレーションは、プレテストとしての3年と、入試に活用を始めた2年の計5年を担当した。

協定の締結期間終了により、新たに事業者の選定を行い、二期目をブリティッシュ・カウンシルが担当することとなった。ブリティッシュ・カウンシルは、令和5（2023）年度からESAT-J YEAR 1、ESAT-J YEAR 2の実施（令和6〔2024〕年1、2月に実施）も担当し、令和6（2024）年度以降は、3学年すべての試験実施を担当している。

●試験実施の運営に関する今後の改善事項

試験当日の運営に関する改善点として、「機器」と「試験監督」に起因するものがある。受験日の実施で、機器の不具合や試験監督による現場対応の誤りなどにより、遅延や再受験が生じている。これらは重要な要改善点であり、改善を積み重ねてきたが、さらなる取り組みが必要である。

〈機器〉

ESAT-Jは、タブレットやヘッドセットを使うテストである。これらの機器の不具合が生じる可能性は否定できない。大学入試の共通テストにおけるリスニングテストや高校入試でも、機器の不良が発生している。

これらを踏まえて、ESAT-Jでは、不具合が生じないよう事前に機器の整備を入念に行うとともに、不具合が生じることも想定し、万が一生じた場合に対応できるようにしている。試験当日、タブレット配布後、試験開始までの準備時間に、生徒が自分で話した音声を録音できているかの確認ができるよう、複数回の録音テストを行える手順とし

ている。万一、テスト中に生徒からの機器不良の申し出が
あった場合には、速やかに交換して受験できるようにして
いる。

　そのうえで、ヘッドセットのほかにも、タブレット本体
にマイクを装備してバックアップ用の音声を録音し、必要
となる場合にはこの音声で採点が可能な仕組みとしている。

　8万人を対象とし、毎年7万人以上が受験するなかで、
依然機器不良が発生している。引き続き、機器不良の根絶
に向け改善を続けねばならない。また、試験当日の生徒か
らの機器不良との申し出には、操作ミスも含まれることか
ら、事前に使用方法を分かりやすく案内するとともに、試
験当日も、試験監督からの案内を工夫していく必要がある。

〈試験監督〉

　試験当日、試験監督による現場対応の誤りにより、受験
生が待機させられたり、結果的に再試験となったケースが
ある。

　試験監督は事前に研修を受け、マニュアルに従い当日の
運営を担い、ミス防止に取り組む。試験当日は、会場責任
者や試験監督のほか、各教室に複数の補助者を配置するほ
か、会場誘導を担う者も多数配置している。事業者の職員
のほかアルバイトによる人員募集も行い、それぞれの業務
内容や経験等に応じて人員を配置している。円滑な運営の
ために、毎年、マニュアルの改訂や研修の改善を行ってい
る。

試験監督についても対応の誤りの発生をゼロにはできていない。これまで発生した事例を踏まえ、再発防止に引き続き取り組む必要がある。

　機器の不具合や試験監督の対応の誤りが発生した場合、受験の公平性を担保するために必要と判断され、当日対応できなかった場合には状況を確認のうえ、再試験の機会を設けている。再試験の対象となる受験生をなくすために、今後とも不断の改善を続けていく必要がある。

第七章 | スピーキング・テスト
（ESAT-J）実施のインパクト：中学校

平成31（2019）年2月、都教育委員会は「東京都中学校英語スピーキング・テスト事業実施方針」を示し、その結果を都立高校入試に活用することを公表した。そして令和4（2022）年11月に実施したテストから、実際に入学者選抜での活用を開始した。

　方針の公表から6年、入試活用開始から3年が経った。この間に、スピーキング・テスト実施が中学校における英語教育にどのような波及効果を及ぼしたのかについて、データや現場の声から見ていくことにする。

●「英語教育実施状況調査」結果に基づく分析

　第二章でも引用しているが、「英語教育実施状況調査」（文部科学省）には、学校の授業の状況についての調査項目がある。これらのデータを分析することにより、都内の中学校の授業の変容について確認していきたい。

　英語の四技能の英語力を伸ばすには、いわゆる講義型の一方向の授業ではなく、生徒自身が英語を使ってコミュニケーションする活動を増やしていくことが重要である。

　「英語教育実施状況調査」の分析によると、生徒の英語力の向上には、「生徒の英語による言語活動」、「教師の英語使用・英語力」、「ALT（Assistant Language Teacher：外国人英語指導者）による授業外活動」等、生徒自身が英語を使う活動量が、英語力に影響を及ぼすとしている（図表1）。

図表1「生徒の英語力」と「英語による活動量」等には相関がある

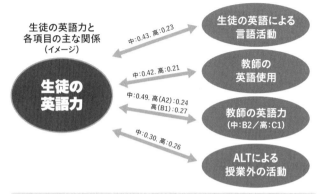

※数値は相関係数[1](いずれも中学校は都道府県単位、高等学校は学校単位)
※相関係数はすべて5%水準以下で有意(いずれも両側)
※生徒の英語力については、中学校:CEFR A1レベル相当以上の割合、高等学校:同A2レベル相当以上の割合 を基に算出(ただし教師の英語力との相関は、同B1レベル相当以上の割合についても算出)。
※生徒の英語による言語活動については、中学校:生徒の英語による言語活動が50%以上の学校の割合、高等学校:生徒の英語による言語活動の割合を基に算出。
※教師の英語力については、中学校:CEFR B2レベル相当以上の割合、高等学校:同C1レベル相当以上の割合を基に算出。
※教師の英語使用については、中学校:英語担当教師の英語による発話が50%以上の学校の割合、高等学校:英語担当教師の英語による発話の割合を基に算出。

出典:「令和5年度『英語教育実施状況調査』概要」

　東京の状況を、推移とともに見てみる。図表2は、中学校の英語の授業中に、生徒が英語を実際に使って行う活動について、授業時間の50％以上でそのような言語活動を行っている学校の割合を示したものである。

第七章　スピーキング・テスト(ESAT-J)実施のインパクト:中学校　127

図表2　授業における、生徒の英語による言語活動時間の割合（中学校）

(%)

	令和3年度	令和4年度	令和5年度
東京都	78.0	78.4	80.1
全国	71.3	74.5	75.1
全国との差	6.7	3.9	5.0

　授業中、50％以上の時間、言語活動を行っている学校の割合（全学年平均）について、東京都では、年々上昇しており、全国平均を上回っている。

図表3　授業における、生徒の英語による言語活動時間が授業時間の
　　　　50％以上の割合（中学校）

(%)

	令和3年度			令和4年度			令和5年度		
	第一学年	第二学年	第三学年	第一学年	第二学年	第三学年	第一学年	第二学年	第三学年
東京都	79.6	78.2	76.2	77.3	78.0	79.9	80.8	79.5	79.9
全国	73.0	71.0	70.0	75.1	74.6	73.7	75.5	74.8	75.1
全国との差	6.6	7.2	6.2	2.2	3.4	6.2	5.3	4.7	4.8

出典：「文部科学省「英語教育実施状況調査」」より作成

　さらに、この割合について、中学校の第一学年から第三学年に進級するにしたがってどのように変化しているかを確認してみる。図表3のうち、令和3（2021）年の東京都や全国の数値を見ると、学年が進行するにつれて、割合が減少していることが分かる。それに対し、令和4（2022）

年、5（2023）年の東京都では、その割合がほぼ維持されているか上昇していることが分かる。

　次に、授業でスピーキング・テストとライティング・テストの両方を実施している学校の割合を見てみる。

図表4　スピーキング・テストとライティング・テストの実施状況
　　　　（中学校）

	令和3年度	令和4年度	令和5年度
東京都	92.9	90.7	98.4
全国	90.7	90.1	87.0
全国との差	2.2	0.6	11.4

出典：「文部科学省「英語教育実施状況調査」」より作成

　図表4が示すように、東京都は全国平均を上回っている。令和5（2023）年度は東京都ではほぼ全校で両方のテストが行われており、全国平均との差は拡大している。

　また、教師の英語使用状況（教員が発話の50％以上を英語で行っている学校の割合）は、75.4％（全国68.4％）、教師の英語力（CEFR B2レベル以上を取得している英語担当教師数）は、66.6％（全国44.8％）である。

　これらのデータから、東京都の中学校では、生徒が英語を実際に使う活動が年々増えていること、そして、高校入試が近づくにつれて言語活動の時間が減少していくという広く見られる傾向から脱し、中学校3年間を通じて、英語四技能を伸ばす授業が継続的に行われていることが分かる。

これらが、図表5に示すように、東京都の生徒のスピーキングを含めた英語四技能の力を伸ばしているという成果として、数字で表れていると考えられる。

図表5　中学校における生徒の活動と英語力

(%)

		令和3年度	令和4年度	令和5年度
授業中、50%以上の時間言語活動を行っている学校の割合	東京都	78.0	78.4	80.1
	全国	71.3	74.5	75.1
	差	6.7	3.9	5.0
スピーキング・テストとライティング・テストの実施状況	東京都	92.9	90.7	98.4
	全国	90.7	90.1	87.0
	差	2.2	0.6	11.4
英検3級以上の割合	東京都	54.4	59.5	60.7
	全国	47.0	49.2	50.0
	差	7.4	10.3	10.7

出典：東京都教育委員会及び文部科学省公表資料に基づき作成

●中学校校長による分析

『日本教育新聞』は、令和6（2024）年12月2日付紙面で、東京都中学校長会が行った研究大会について取り上げ、同会研究部が行った報告として「英語スピーキング・テスト導入効果」[※2]について報じている。

同記事によると、スピーキング・テスト（ESAT-J）の実施をきっかけに、生徒同士、生徒と教師、生徒とALTとのやり取りなど、英語でコミュニケーションを行う場面が増えるなど、「話すこと」を含め、自校における指導が変化したと思うか」という設問に対して、「そう思う」と「どちらかというとそう思う」とを合わせて75.4%が肯定的な回答をしている（図表6）。

図表6　「自校における指導が変化したと思うか」（研究大会報告より）

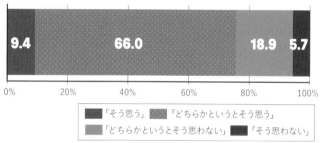

　また、「スピーキング・テスト（ESAT-J）の実施をきっかけに、自校の生徒が授業で実際に英語を使う場面が増えたと思うか」という設問に対して、「そう思う」と「どちらかというとそう思う」とを合わせて71.7%が、肯定的な回答をしている（図表7）。

図表7 「生徒が授業で実際に英語を使う場面が増えたと思うか」
（研究大会報告より）

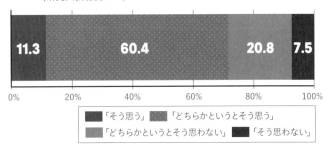

　さらに、自校の生徒がこれまでよりも授業で英語を使うことに慣れてきている、英語を使うことに対する抵抗感が減ってきているなど、生徒の授業への取り組み方が変化した、と感じているという。

　そのほか、区市町村教育委員会の英語教育担当者や、英語教員を対象とした連絡会、研修会などを通して、ESAT-Jの導入による成果や課題について、次のような意見を聞いている。

〈ESAT-J導入による成果〉
（授業改善）
・授業を進めるうえでのやり取り等は、大半を英語で行っている。
・スピーキング・テスト（ESAT-J）以前から教師による英語での生徒への問いかけの機会は多かったが、スピ

ーキング・テストの結果からその成果を確認すること
ができ、さらに重視するようになっている。
・小学校での指導の工夫・改善が進み、生徒の英語を話す
ことに関する抵抗が以前よりも低くなっていると感じる。
教師の「話すこと」に関する指導の改善も進んでいる。
・授業での即興的なやり取りを重視するようになっている。
・授業の帯活動として、ワークシートを活用した英会話の
取り組みを取り入れるようになった。
・全学年で実施するスピーキング・テスト（ESAT-J
YEAR 1〜YEAR 3）により、3年間継続して取り組む
ことができる。

（生徒の意識・意欲）
・生徒も教員も、英語によるコミュニケーション力の必要
性を感じている。
・教科書のリテリング活動[※3]や授業で行っているスピーチや
スピーキング・テスト等に向けて、生徒の準備に対す
るモチベーションが高まっている。また、話すことに
抵抗を感じる場面が減ってきている。
・スピーキング・テストがあることにより、生徒自身の「英
語を話せるようになろう」という動機づけになっている。

（英語力）
・小学校での授業や「話すこと」が重視されたカリキュラ
ムの変化などが影響し、確実に英語を聞く力や話す力
が高まっている。
・生徒が積極的に英語を話すことが増えた。

第七章　スピーキング・テスト（ESAT-J）実施のインパクト:中学校　133

（教員）

・英語科教員はその準備や指導等によく頑張っている。

〈課題〉

・モニターに向かって話をすることに抵抗は少なくなってきているが、実際に対面するとなかなか話すことができない生徒もいる。

・より日常的で、生活の場面に対応した「話す力」を伸ばすように意識させる必要がある。

・話す力、聞く力は伸びており、以前よりも自信をもって対話している様子が見られるが、書く力に関しては思うように時間が取れない現状がある。

●中学校や高校の英語教員による分析

　英語教育の専門誌『英語教育』（大修館書店）の令和7（2025）年2月号には、複数の英語教員からスピーキング・テストと授業に関連した寄稿がされている（「話すことを意識した指導」〔辰田りえ〕「ESAT-Jが英語の教室にもたらす効果」〔原田博子〕）。

　同記事では、スピーキング・テストが英語を話すきっかけや刺激になったこと、導入前に比べ生徒がスピーキングの重要性を知り、話すことに関連して聞くこと、読むこと、書くことへの意識も高まっていること、生徒に返却される「学習アドバイス」やQRコードから接続できる動画などが役に立っていること、などが記されている。

また、生徒の約九割が「スピーキング・テストは英語力を高めるために必要」と考えており、その理由として「自分の英語力を確かめられるから」「英語はとにかく話してみる、使ってみることが上達するうえで大切だと思うから」「文法を覚えても話せないと意味がないから」などの意見が挙げられていることを報告している。

　スピーキング・テストを受けて入学してくる生徒を受け入れる高校の教員の受け止め方はどうか。
　英語科教員やJETからは、ここ数年で入学生は大きく変わったという意見が多い。とくに積極的にネイティブスピーカーや教員と英語で会話しようとする意欲、積極性などの態度や、英語での発話量、会話を続けていくスキルなど、スピーキングについてはさまざまな点で、顕著な変化を感じると言う。これらは、学力が高い学校に限らず、むしろいわゆる中堅校と呼ばれる学校の教員からの声が多い。

註
※1　相関関数
　　ふたつの要素の相関関係の強さを表す数値。－1（負の相関）から1（正の相関）の数で表される。絶対値が大きいほど相関が強い。
※2　部活動の地域連携・地域移行、不登校の現状などの今日的課題について、同会地区代表者など53校の校長を対象に実施（回収率100％）。
※3　リテリング活動
　　英語で聞いたり読んだりした内容について、再構成して、自分の言葉による英文で話す活動。

第八章 | **スピーキング・テスト （ESAT-J）実施のインパクト： 地区教育委員会**

本章では、都内公立中学校を所管する教育委員会が、ESAT-Jの影響をどのように分析、活用しているかについて、いくつかの事例を紹介する。

●地区教育委員会の取り組み

各地区の教育委員会は、ESAT-Jの結果をそれぞれの地区での英語教育の改善に活用している。

ある地区の教育委員会は、ESAT-Jの結果と中学校での英語授業における指導内容や方法との関係を分析している。

その結果として、授業中に、

・英語を生徒が自分で使う活動の割合が高い。
・スピーチ、プレゼンテーション、インタビュー、ディスカッション、ディベートなどの実施回数が多い。

などの特徴がある中学校では、ESAT-Jの結果が高い相関関係が共通に見られるとしている。

それにより、各中学校での英語の授業改善につなげているという。

●墨田区教育委員会の事例

ESAT-J実施におるインパクトについて、墨田区教育委員会の加藤裕之教育長に聞いた。

138

墨田区では、ESAT-Jの導入が決まったことが区内の英語教育の大きな方向転換のきっかけとなった。区教育委員会として、スピーキング・テストの重要性も踏まえ、英語四技能を伸ばす取り組みを進めることができ、すべての中学校で皆が話す力を伸ばす授業に取り組むようになった。以下に、墨田区における具体的な取り組みを紹介する。

〈スピーキング・テスト　プレテストの実施〉

　都教育委員会は、ESAT-Jのプレテスト段階として、令和2（2020）年度からスピーキング・テストを実施した。その際、墨田区はすべての中学校から徒歩圏内に都立高校があったため、全中学校第三学年の生徒が都立高校を会場にして受験した。

〈小学校段階からの英語教育の重視〉

　平成29（2017）年に学習指導要領が改訂され、外国語教育が高学年（五・六年生）で教科化された。

・独自教材の開発

　墨田区は先駆けて平成22（2010）年に小学校用の独自の教材「SUMIDA　ENGLISH」を作成し、授業での活用を図った。教材については作成委員会を設置し、小学校の教員が指導のしやすさ・児童の理解度などを考慮して作成した。教科化を見据えて、早い段階から小学校での英語教育を取り入れ、教科化に向けてスムーズな導入を図れるよ

うにした。

・小学校における英語の掲示

　小学校と中学校の円滑な接続のため、小学校のときに覚えておくべき英単語について、中学年・高学年バージョンの掲示物を作成した。児童が常時視覚的に捉える環境をつくる、授業での活用や覚えたかどうかのミニテストを段階的に行う、などの活用が考えられる（令和7年4月より実施）。

〈中学校での取り組み〉

・パフォーマンステストの実施

　ESAT-Jの導入が決まってから、NT（Native Teacher）を活用して、スピーキングに特化した時間を各中学校に設定した。通常の授業の活用ではなく、コミュニケーションを主軸としたNTとのやり取りのみを行う時間とし、ESAT-Jの取り組みへの一助となるようにした。自分の考えをもつこと、それを英語で表現することの難しさと重要性を生徒自身が理解する機会となった。

・中学校卒業までに覚えてほしい表現集の作成

　墨田区立中学校教育研究会英語部の協力のもと、中学校卒業までに覚えてほしい表現集を作成した。教科書に出てくる例文を中心とし、実際のやり取りの場で必要となる例文が150程度入っており、墨田区にちなんだ例文となっている。そのほかにスモールトークの例を入れ、実際の授業

で活用方法を示されていて授業づくりのヒントとなるようにしている。また、質問に対する答えを難易度五段階に分けて示し、生徒の語彙ややり取りを増やせるようにする例文を示している。

　今後、パイロット校での活用事例を各学校に示し、より充実したスピーキング力の向上に生かせるようにするとともに、表現集に準拠したアプリケーションの開発を行い、生徒が自主的に学習できるための環境を構築していく。

〈学校外での取り組み〉

・レイクランド大学と連携した英語部やイングリッシュ・キャンプ

　墨田区にレイクランド大学ジャパン・キャンパスが移設した機会をとらえ、英語に関して連携事業に取り組んだ。大学側の協力を得て、まずは部活動地域移行の一環として、令和5（2023）年度に英語部を設立した。月2回、年間を通して、英語でのコミュニケーションを中心とした表現の仕方や関わり方を学んだり、外国の文化や行事を知ったりする貴重な機会となっている。

　また、令和6（2024）年度より夏季休業期間を活用した通学型留学体験として、イングリッシュ・キャンプを実施した。平日の五日間を設定し、墨田の地域教材を使ったフィールドワークに取り組むなど、英語での表現力やプレゼンテーション能力を育んだ。

・中学生海外派遣事業

　一時期中断されていたが、平成29（2017）年から中学生海外派遣事業が再開された。各中学校から第二学年の生徒が男女1名ずつ、合計20名が選出され、夏期休業期間中の十日間、オーストラリアのシドニー方面へ派遣事業を実施している。ホームステイ先のバディと一緒に学校で学んだり休日を過ごしたりすることで、英語によるコミュニケーション能力や国際感覚を高めることにつながっている。

・Tokyo Global Gateway（TGG）での体験学習

　平成30（2018）年から、全区立中学校の第二学年において、TGGでの体験学習を実施している。各学校、半日コースのプログラムで実施し、日ごろの学校における英語学習で学んできたことを生かして、コミュニケーションを図るなど、実践的な取り組みを行っている。なお、入館料は公費負担としている。

〈その他の取り組み〉

・外国語教育担当者研修会の実施

　年間5回、小学校の外国語教育担当者を対象とした研修会を実施している。元英語科教員の管理職による「小中の円滑な接続」や「小学校段階で身に付けてほしいこと」などをテーマとした研修やTGGでの夏季ワークショップなどを実施している。

・幼保小中連携での英語活動

　幼保小中一貫教育推進事業の一環として、小学校を会場に近隣の幼稚園・保育園の幼児が英語を学ぶ機会を設けたり、中学校の教員が小学校に英語の出前授業をしたりするなど、英語活動の充実を図っている。

〈ESAT-Jでの成果と課題〉

　令和4（2022）年度と令和5（2023）年度を比較すると、同一集団比較ではないが平均スコアについてすべての中学校で上昇した。また、各学校で問題ごとの正答率を分析し、授業改善につなげることができた。

　Year 1、Year 2をESAT-J Year 3へつなげていく指導の系統性を確立すること、また小学校段階の英語とYear 1とのつながりについて小学校の教員に意識させていくことが今後の課題である。

　これらの墨田区の英語教育は、以前から充実したものであったが、ESAT-Jが導入され、明確に「話すこと」が目的にフォーカスされたことで、生徒も教員も具体的な目標を設定することができた。話すことについては発達の段階に応じたスパイラルな指導が必要であり、繰り返し学び、身に付けていくことが重要になる。そのため、今後もさまざまな角度や方向から英語教育について議論し、充実させていくことが子供たちの学びの質を高めることにつながると考える。

ESAT-Jの導入により、英語教育のありかたについてあらためて整理することができた。国際化社会を生きる子供たちにとって、充実した英語教育を行うために引き続き、教育委員会と学校とが連携して取り組んでいく。

●福生市教育委員会の事例

次に、福生市教育委員会の石田周教育長に聞いた。

〈ESAT-Jの意義 ──教育観の転換──〉

平成10（1998）年に公示された学習指導要領のころから、東京都教育委員会指導部では、「All　English」による英語の授業を推奨してきた。

分かりやすくいうと、「英語科の時間50分の大半を英語で指導する授業」を推奨したということだ。

当時、英語の時間に英語で話したり聞いたりする指導、つまり英語によるやり取りは軽視され、英語で読むことや書くことの指導に時間の大半を費やしていたが、その転換を目指したものだった。

いわゆる講義型の授業では、四技能のうち「話すこと」が軽視される傾向があった。

講義型から脱却し、生徒による発話中心の授業、生徒が英語を使う活動中心の授業への脱却が必要だった。

「使える英語」を習得させるためには、四技能をバランスよく育成することが大切である。

英語を読むことや書くことは、個人でもできる学びだが、英語を話すこと、聞くことは、相手があって初めて成立する学びである。

　英語を話す人と英語で会話してコミュニケーションが成立することは、異文化との出合いに結びつく。

　この出合いの経験が成功体験になれば、英語で書くことにも読むことにもモチベーションが強くなるはずである。

　ESAT-Jは、端的に言えば、「東京都は、英語で話すこと、聞くことも含めて、英語を重視しています」というメッセージを、中学生に対して、教員に対して、そして保護者に対して発信したものととらえている。

〈ESAT-Jの最大の成果〉

　ESAT-J導入の最大の成果を、私は次のようにとらえている。

　四技能の到達度を測る基準が東京都独自のもので整備されたこと。

　これまで、読むこと、書くこと、聞くことは都立高校入試で測定されていた。

　ESAT-Jの導入によって、入試で欠落していた「話すこと」の到達度基準が、全都のレベルで整備されたことは画期的である。

　つまりESAT-Jによって、東京都の中学生の四技能を都立高校入試として共通した基準で測ることができるようになったということだ。

中学生にとって、卒業期の英語の目標ができたことになる。

このことは、教員にとっても表裏一体で、自分の指導力に対する共通の評価システムとしてESAT-Jを活用できるとも言えよう。

東京都の基準に到達できない英語授業では「どんな英語の授業をやっているのか」と、自らの授業力を問うことになる。

〈福生市の英語教育への効果・成果〉

福生市教育委員会は、令和元（2019）年当時、大学共通テストに英語によるスピーキング・テストが導入される計画があることや、東京都教育委員会が都立高校入試にスピーキング・テスト導入を決定したことを踏まえ、中学校第三学年生徒全員が民間事業者によるスピーキング・テストを受験できるよう、市の予算で受験料を支出する取り組みを検討し、その後、令和2（2020）年度から実施している。

福生市には、市内全校から代表の教員が集まって組織する「英語教育推進委員会」がある。

委員会では、民間事業者によるスピーキング・テストの結果の活用とともに、東京都のESAT-Jを効果的に実施するため、協議・研究授業等を重ね、令和4（2022）年3月、「福生市英語教育推進計画　第2次」を取りまとめた。

その「第3章　Ⅳ　外部機関との積極的な連携」の「第

1」に「東京都中学校英語スピーキング・テスト事業」を位置付け、「コミュニケーション能力を高める指導への転換」「自分で考えて自由にコミュニケーションを行う新たな授業スタイル（タスク）」等を推進することとした。

ESAT-Jを、到達度を測る共通テストとして位置付けるのであれば、英語科の授業もバージョンアップしなければならない。

福生市ではALT（Assistant Language Teacher：外国人英語指導者）が全中学校に常駐している。

市内のある中学校では、高校進学後も視野に入れて、オーラル・コミュニケーション（英会話）を重視し、週に1回、ALTをT1（授業のメインの先生）に位置付けた授業を実施している。

令和7（2025）年度以降には、この取り組みを市内の全中学校に展開していきたい。

〈学校・教員の変化や生徒の変容〉

都立高校入試に英語スピーキング・テストが導入されたことによる効果について、次の3点が挙げられる。

1　教師の指導観の転換

書いたり、読んだりすることが中心の指導から、コミュニケーションが行われる場面を位置付けた指導へと、授業の構成が変わった。

また、ALTの活用方法が改善されたほか、ALTと生徒、生徒同士、あるいはインターネットを通じた他国の中学生との英会話等の交流学習等が行われるなど、コミュニケー

ション重視の指導が計画的に実施されるようになりつつある。

2 生徒の意識の変容

生徒たちは、これまでは英語による会話について、苦手意識が強かったが、スピーキング・テスト導入によって英語習得に向けた意欲が高まった。

これは、スピーキング・テストが、都立高校入試に導入されたという外的要因も背景となっているが、授業で英語による発話が多くなったことで、英語を話すことに慣れたことによるものである、と考えられている

3 英語に関する施策に多様性・多重性が生まれた

福生市教育委員会は、令和4（2022）年3月に策定した「英語教育推進計画　第2次」に基づいた英語によるコミュニケーションを重視する施策を展開している。

ア　Tokyo Global Gateway（TGG）グリーン・スプリングスへの参加

令和5（2023）年1月の開設当初から、小学校第五学年全児童及び中学校第二学年全生徒がTGGを体験する予算を計上して実施している。

イ　英語教育指導顧問の全校巡回指導

英語教育の専門家（大学教授）に顧問を委嘱し、年間3回、全小中学校を巡回し、英語科・外国語活動の授業を参観したうえで、全教員対象に指導・講評を実施している。

ウ　民間英語検定試験の受験

検定試験の受験料を市の予算で支出している。令和6 (2024) 年度の試験結果において、CEFR：Ａ１相当以上（国の目標水準）を達成した生徒の割合は、82.7％に上る。

〈ESAT-Jに対する教員の声〉

・「コミュニケーション活動を増やすことやライティングの指導に活用しています」
・「外部検定試験と同じように、授業に活用しています」
・「授業のスピーキング活動に活かしています！」
・「とくに活用していないので、活用方法の例を知りたいです」
・「各学年で結果が出るので学年の課題を把握して、授業改善につなげようと思います」
・「スピーキング活動の内容や目的を踏まえて、授業での話す活動に幅をもたせたい」

〈課題〉

　スピーキング・テストが終了したあと、「フィードバック」が都教育委員会から各学校に提供されるが、この活用ができていない。

　配布される時期が都立高校入試直前であることや、授業のなかで教科書と連動させて活用することが困難なため、フィードバック・

帯活動で行う即興的な会話練習（中学校・英語）※1

ビデオ等を教室で生徒と見ることができない。教員が多忙であることも原因である。

　来年度は、この「フィードバック」の活用を検討していく必要がある。

●府中市教育委員会の事例

　次に、府中市教育委員会の酒井泰教育長に聞いた。

〈府中市の英語教育への取り組みと ESAT-J との関連〉

　府中市では、「目的や場面、状況などに応じ、英語を使って、自分の思いや考えを表現したり伝えあったりすることができる児童・生徒」の育成に向け以下の取り組みを行っている。

　児童・生徒が英語でコミュニケーションを図る体験を通して、英語が「通じた」「分かった」という成功体験を得ること、国際交流の楽しさや必要性を実感し、英語を学ぶ意欲を高めることを目指したものである。

1 「TOKYO GLOBAL GATEWAY」への参加

　令和5（2023）年度から「TOKYO GLOBAL GATEWAY」を活用した英語体験活動を小学五年生、中学一年生のすべての児童・生徒を対象に実施している。義務教育9年間のなかで、すべての児童・生徒がこの体験を2回経験することで自らの成長を実感できる取り組みになっている。

2 「世界とつながる英語Enjoy Week」の取り組み

令和5（2023）年度から、すべての市立小・中学校で児童・生徒が英語で話す必然性のある機会を創出する「世界とつながる英語Enjoy Week」の取り組みを推進している。

各学校では、近隣大学の留学生を招いた交流活動やオンラインで海外の学校等と交流する活動など、さまざまな工夫をして積極的に取り組んでいる。

3 外国語教育担当者連絡会の開催

令和4（2022）年度から、「外国語教育担当者連絡会」を設置している。

同会では外国語教育の学びの小学校から中学校への接続について協議したり、各学校で行っている英語体験活動やALT活用の実践事例を共有するとともに、その内容を資料としてすべての学校で閲覧できるようにするなどの取り組みを進めている。

4 「Fuchu English Village」の開催

府中市教育委員会では、平成30（2018）年度から、夏季休業中に児童・生徒が体験的・実践的に英語を使い、英語でのコミュニケーションを図る機会として「Fuchu English Village」を開催している。

10名程度のイングリッシュ・スピーカーと、小学校中学年——低学年は令和4（2022）年度から実施——はゲーム等を楽しみながら英語を使ってさまざまな国の文化等を知る活動、小学校高学年は英語を使ってグループで課題に取り組み解決していく活動、中学校ではテーマに沿ってイ

ングリッシュ・スピーカーとともにプレゼンテーションを作成し発表する活動などに取り組んでいる。

　毎年小学生150名、中学生30名程度が参加し、充実した体験活動となっている。

　これらの府中市における英語教育の取り組みはまず、ESAT-Jの実施や授業、そしてさまざまな英語体験活動を通して身につけた「話すこと」の力を生徒自身が把握できるようにすると考えている。

　それとともに、教員がその達成状況を把握して授業改善や体験活動の充実につなげることができ、本市が目指す「英語でコミュニケーションを図る力」の育成に資するものであるととらえている。

〈ESAT-Jの実施について〉

　四技能のうち「話すこと」のゴールイメージ（どのような力を身につければ良いか）がESAT-Jが導入されたことで、生徒にとっても教員にとっても分かりやすくなった。

　話すことについては、継続的な指導が必要なことから、小学校での外国語活動・外国語の学びを生かして、中学3年間で計画的に指導する必要がある。そのため、小・中連携の視点がより意識されるようになった。

　とくにESAT-Jにある、他者の意見を読んだり聞いたりして自分の意見を述べるという設問が「話すこと」の技能の大切さを明確に位置付けてくれた。

このことで、自分の意見をもつことを生徒につねに意識
させる必要があり、教員の意識の変化及びそれに伴う授業
改善を促している。

〈教員の授業改善〉

「話すこと」のゴールイメージが明確なことは、若手教員
もベテラン教員も授業計画の作成及び具体的な授業改善を
行ううえでの手掛かりとなっている。

「話すこと」を意識した授業の工夫として、年間を通して
帯活動で1分間スピーチを行うなど、生徒同士、生徒と教
員、生徒とALTなどが実際に英語を使って「話すこと」
（アウトプット）を意識した授業実践が増加している。

また、これまで実施していた話すこと（即興性のあるや
り取り）では、ALTと日常的な会話で「話すという行為」
をゴールにすることも多かったが、日常的な会話のやり取
りだけでなく、自分の考えを即興でやり取りするような活
動に高めるようになってきている。

さらに、小学校での外国語学習によって話すことに抵抗
をもたない生徒は増加している。中学校では「何のため
に」「誰に向けて」ということを意識させる場面設定をし
て、目的をもって話す力を付けさせる授業実践が行われる
ようになっている。

〈生徒の変化〉

繰り返しになるが、決められたやり取りをするだけでな

第八章　スピーキング・テスト（ESAT-J）実施のインパクト：地区教育委員会　153

く、即興性のあるやり取りや自分の考えを表現できる生徒が増加している。

　また、表現の仕方には得手不得手の差はあるものの、話そうとする意欲の向上や、目的をもって話す力の向上が見られる。

　さらに「話すこと」を意識した授業実践において、英語でやり取りする活動が生徒にとって当たり前になってきている。

〈課題〉

　ESAT-Jはテストであることから、必要な対策をとることができる。ゴールはESAT-Jで高い点を取ることではない。

「話すこと」の本来の目的である、英語を使ってさまざまな人々と自分の気持ちや考え等を伝え合う力を付けるということを、生徒に常に意識させることが必要である。

　そのためにも、教員がESAT-Jの趣旨を理解し、さらなる授業改善に活かせるようにしていくことが課題である。

●相乗効果による英語力の向上

　第三部では、スピーキング・テスト実施のインパクトについて考察してきた。中学校で英語四技能を伸ばすための授業改善が継続的に行われており、それをスピーキング・テストが後押ししていることが見て取れる。

言うまでもなく、スピーキング・テスト導入が生徒の英語力を直接的に高めるわけではない。中学校の英語教員が真摯に授業改善に取り組み、何より中学生が努力する。それをサポートする仕組みを実施する。これらが相乗効果を生み達成できた成果である。

　英語科教員、中学校、区市町村教育委員会をはじめとする関係者の方々に心から敬意を表したい。そして、生徒たちにも同様の敬意と頼もしさを感じながら、今後さらなる伸長につなげていくことに期待したい。

註

※1 授業の始めなどに短時間、継続的に行う「投げ込み」とも呼ばれる学習活動。

第四部
入試改革を取り巻く様相

第九章 | **2020大学入試改革との符合**

●大学入試改革と高校入試改革

　令和2（2020）年度から導入されるはずであった新たな英語大学入試制度は、その前年の令和元（2019）年11月、延期されることが文部科学大臣から発表された。英検やGTECなどの資格・検定試験を活用して英語四技能を評価するという制度は、結局、共通テストとして導入されることはなくなった。新たな英語入試制度は、記述式の問題の導入とともに、大学入試共通テストの改革の大きな柱であったが、批判のなか、どちらも中止されることとなった。

　ほぼ同時期に、進められていた都教育委員会のスピーキング・テストに対しても、導入の検討段階での懸念や、実施後の批判のなかに、「国はやめたのに、なぜ都教育委員会はやめないのか」といった議論が少なからずあった。

　本章では、おもに文部科学省が公表している資料を基に、英語の大学入試改革について振り返ることにしたい。大学入試と高校入試は、受験者が異なるというだけでなく、関係者も政策過程も根本的に違う。これらを踏まえつつ、英語教育改革の取り組みとしての共通点とともに、スキームの違いによる課題の類似点・相違点を整理することで、小学校、中学校、高校、大学と続く一貫した英語教育改革について考えることにつなげたい。

　「2020大学入試改革」には、大学入試改革という側面と、

英語教育改革というふたつの側面がある。このふたつの独立した流れが合流したのが、令和2（2020）年度から実施予定となった大学入学共通テストとしての、英語資格・検定試験の活用だった。「高大接続改革」と呼ばれた大学入試改革と、「四技能をバランスよく育成する」ことを目指した英語教育改革について、より長い経緯をもつ英語教育改革の背景について触れ、そのあとに大学入試改革の背景と経緯を見てみる。

●英語教育改革の必要性とは

第二章でも触れたが、文部科学省は、学校で行われる教育課程（カリキュラム）の基準として、学習指導要領を定めている。高校英語の学習指導要領が、これまでどのように変遷してきたかを見てみる。

高等学校外国語　学習指導要領改訂の変遷

〈昭和35年告示〉
・聞く力・話す力、読む力・書く力を養うことを目標とする

〈昭和45年告示〉
・聞くこと・話すこと、読むこと、書くことの「言語活動」を明示

〈昭和53年告示〉
・科目として「英語Ⅱ」と、領域別の「英語ⅡA（話すこと・

聞くこと）、ⅡB（読むこと）、ⅡC（書くこと）」を設定

〈平成元年告示〉
・科目として、聞くこと、話すことの「オーラル・コミュ
　ニケーション」A、B、Cを、読むことの「リーディング」、
　書くことの「ライティング」を設定

〈平成11年告示〉
・実践的コミュニケーション能力を育成することを明示
・「オーラル・コミュニケーションⅠ」または「英語Ⅰ」の
　いずれかを必修科目として設定

〈平成21年告示〉
・四技能を総合的に扱う「コミュニケーション英語Ⅰ、Ⅱ、
　Ⅲ」を設定
・生徒が英語に触れる機会を充実させるため、授業は英語
　で行うことを基本とすることを明示

〈平成30年告示〉
・四技能の総合的な言語活動を行う「英語コミュニケーシ
　ョン英語Ⅰ、Ⅱ、Ⅲ」と、ディベートやディスカッション、
　スピーチやプレゼンテーション等の言語活動を通して、
　話すこと・聞くことの発信力を高めるための「論理・表
　現Ⅰ、Ⅱ、Ⅲ」を設定

出典：高等学校学習指導要領及び文部科学省資料「大学入学者選抜関連基礎資料集　第3分冊」を基に作成

　これらを見ると、昭和35（1960）年に告示された学習
指導要領以降、高校英語の目標のなかには一貫して、「聞
くこと」「読むこと」「話すこと」「書くこと」に関する力
を育成することが掲げられてきたことが分かる。また、

「話すこと」や「聞くこと」に重点を置いた科目の改編も行われてきた。これらを踏まえ、学校の授業は改善され、「話すこと」「聞くこと」の力を図るテストも授業で広く行われるようになった（第二章参照）。

　一方で、授業中の生徒の「話すこと」の割合や、テストの実施回数、教員が英語で授業を行っている割合は、学年・学校段階が上がるにつれて下がる傾向があるとの指摘もあった。これは、進学するために必要となる入学試験で、リスニングが課される割合は低く、スピーキングはほとんど課されないことが影響しているためだとの指摘が、現場などで広く認識されてきた。四技能のバランスの取れた指導が必要であり、大学入試において、四技能を測定する試験を導入するべきであるとの基本的政策案が、繰り返し提言されている。

　平成25（2013）年6月、「第2期教育振興基本計画」や、同年10月「教育再生実行会議第4次提言『高等学校教育と大学教育との接続・大学入学者選抜の在り方について』」でも、大学入試での外部検定試験の活用が示されている。平成26（2014年）2月、文部科学省による英語教育の在り方に関する有識者会議「今後の英語教育の改善・充実方策について　報告〜グローバル化に対応した英語教育改革の五つの提言」のなかでも、「改革3　高等学校・大学の英語力の評価及び入学者選抜の改善」として、次のように示されている。

・英語力の評価及び入学者選抜における英語力の測定については、4技能の総合的なコミュニケーション能力が適切に評価されるよう促す
・各大学等のアドミッション・ポリシーとの整合性を図ることを前提に、入学者選抜に、4技能を測定する資格・検定試験の更なる活用を促進

　このように、英語教育に関する改革の取り組みは、数十年に亘り継続的に検討、実施されてきており、その具体的な方向性として四技能の資格・検定試験の活用は繰り返し提言されてきた。

　これらが、次に述べる大学入試改革（高大接続改革）の流れと一体となり、共通テストの改革という形で実現が目指されたのである。

●大学入試制度の変遷

　次に、もうひとつの改革の流れである大学入試改革を見ていく。

　令和2（2020）年に実施される予定であった大学入試改革は、いわゆる共通テストとして、国公私立の多くの大学が共通して活用するテスト制度を大きく改革しようとするものであった。

　歴史を遡り、日本の大学入試制度の変遷を見てみる。

〈共通第一次学力試験〉

昭和54（1979）年1月～平成元（1989）年1月

いわゆる「共通一次」である。名称のとおり、国公立大学の共通の一次試験として実施された試験であった。共通一次は、それまで各大学による1回限りの学力試験によって合否が決められることや難問・奇問が多いことへの改善をねらいとして導入された。

一方で、偏差値による大学の序列化が行われたことや、国公立大学での利用にとどまっていたことが課題となった。

〈大学入試センター試験〉

平成2（1990）年1月～令和2（2020）年1月

いわゆる「センター試験」である。国公立に加えて私立大学でも利用されるようになり、教科数を各大学が決めることができる「アラカルト方式」をとることで、受験生の多面的な評価が、私立大学を含めた入試の改善に寄与することとなった。

平成18（2006）年1月のセンター試験から、英語でリスニングテストが導入された。これにより、スピーキング以外の三技能のテストとなった。

●大学入試改革＝高大接続改革の必要性とは

センター試験の具体的な改善の議論は、平成24（2012）年8月の、中央教育審議会への諮問「大学入学者選抜の改善をはじめとする高等学校教育と大学教育の円滑な接続と

第九章　2020大学入試改革との符合　│　163

連携の教科のための方策について」から始まった。ここで議論されたのが「高大接続改革」である。「高大接続改革」とは、「高校教育」「大学教育」とそれを接続する「大学入学者選抜」の三つの一体的な改革を意味する。

図表1　「高大接続改革」の必要性

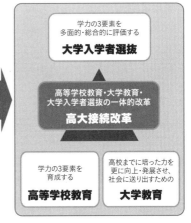

出典：文部科学省　大学入試のあり方に関する検討会議「大学入学者選抜関連基礎資料集」

そして平成26（2014）年12月、中央教育審議会は「新しい時代にふさわしい高大接続の実現に向けた高等学校教育、大学教育、大学入学者選抜の一体的改革について（答申）」を公表した。この答申は、教育改革の最大の課題でありながら、実現が困難であった「高大接続改革」を初めて現実のものとするための方策として、「高校教育」「大学教育」、そして両者を接続する「大学入学者選抜」の抜本

的改革を提言するもので、「2020年大学入試改革」の根本
となる極めて重要なものであった。答申から引用する（下
線引用者）。

・「画一的な一斉試験で正答に関する知識の再生を一点刻み
　に問い、その結果の点数のみに依拠した選抜を行うこと
　が公平であるとする、『公平性』の観念という桎梏は断ち
　切らなければならない。」
・「既存の『大学入試』と『公平性』に関する意識を改革し、
　年齢、性別、国籍、文化、障害の有無、地域の違い、家
　庭環境等の多様な背景を持つ一人ひとりが、高等学校ま
　でに積み上げてきた多様な力を、多様な方法で『公正』
　に評価し選抜するという意識に立たなければならない。」

これが、入試改革の目指す革新的な理念であった。

答申では、改革のふたつの柱と言える「英語民間試験活
用」と「記述式問題導入」について、次のように述べられ
ている。

英語民間試験活用：
「大学入学希望者学力評価テスト（仮称）」の英語について
は、４技能を総合的に評価できる問題の出題（例えば記述
式問題など）や民間の資格・検定試験の活用により、「読む」
「聞く」だけではなく「書く」「話す」も含めた英語の能力
をバランスよく評価する。
記述式問題導入：
大学入試センター試験は「知識・技能」を問う問題が中心
となっており、（略）「知識・技能」を単独で評価するので

第九章　2020大学入試改革との符合　165

> はなく、「知識・技能」と「思考力・判断力・表現力」を
> 総合的に評価するものにしていくことが必要である。
> このため、現行の大学入試センター試験を廃止し、下記
> のような新テスト「大学入学希望者学力評価テスト（仮
> 称）」を新たに実施する。
> ◆解答方式については、多肢選択方式だけでなく、記述式を導入する。

　答申を受け、制度の具体的な検討が進んでいく。

　平成27（2015）年1月、文部科学大臣決定の「高大接続
改革実行プラン」で、共通テストの平成32（2020）年度
からの実施方針が公表される。翌平成28（2016）年3月、
「高大接続システム改革会議『最終報告書』」にて、英語四
技能評価や記述式問題導入が提示された。

　そして平成29（2017）年7月、文部科学省は高大接続改
革の実施方針等を策定し、ここで「大学入試共通テスト」
を平成32（2020）年度から実施すること、英語の四技能
評価のための民間資格・検定試験の活用や記述式問題の導
入が示された。

●新制度の進行と暗転

　具体的な制度設計に関する議論が本格的に始められたの
は、「大学入学希望者学力評価テスト（仮称）」検討・準備
グループからであった。英語四技能を評価するための仕組
みとして、

・大学入試センターが、ほかの科目と同様、単独で独自試

験を実施

・民間に委託

・既存の民間資格・検定試験を活用

　などの複数の案が検討された。その結果、約50万人規模のスピーキング・テストを同一の日程、同一の問題で共通テストとして実施することは困難であるとされた。すでに大学入試で広く活用され、一定の評価が定着している民間の英語資格・検定試験のうち、大学入試センターが条件を満たすことを確認した試験の結果を一元的に集約し、各大学に提供することとなった。

　英語の資格・検定試験を入試に活用するためには、高校生が試験を受け、その結果が大学に提供される仕組みが必要となる。「大学入試英語成績提供システム」がそれである。平成29（2017）年7月「高大接続改革の実施方針」策定・公表のあと、活用される資格・検定試験が公表され、平成32（2020）年4月から12月に高校生が試験を受けるために必要となるID発行の申し込みを平成31（2019）年11月から受け付けることになったとされた。

　資格・検定試験のうち、大学入試センターが大学入試に活用する要件を認めるものとして認定したテストは次のものであった。

- ケンブリッジ英語検定
- TOEFL iBTテスト
- IELTS(International English Language Testing System)
- GTEC
- TEAP(Test of English for Academic Purposed)
- 実用英語技能検定（英検）

（順不同）

　資格・検定試験を活用していくにあたり、多様な課題や懸念があげられた。

　受験回数、受験日程、受験場所、受験料、経済格差・地域格差への配慮、障害のある受検生への配慮、トラブル対応等に加え、学習指導要領や高校教育との関係、成績の提供の仕方など、多様な論点が出され、議論が続いた。

　スケジュールが進行するなか、高校側からは、文部科学省や大学入試センター、大学、そして資格・検定試験実施団体に対して、高校生の混乱を避けるために、明確なスケジュール等を早期に示してほしいと繰り返し要望が出された。これに対し、文部科学省により、解決に向けて対応方策が示され、取り組みがなされた。しかしながら、「大学入試センターが、民間資格・検定試験実施団体と協定を締結して実施」という枠組みのもとで、文部科学省が、民間試験実施団体や大学に対して、配慮を求める形での対応しか取れず、課題や懸念を十分に払拭できる取り組みを示すことができない状況が続いた。

●改革の頓挫

危機感を募らせた高校側（全国高等学校長協会）は、令和元（2019）年7月、「大学入試に活用する英語4技能検定に対する高校側の不安解消に向けて（要望）」を文部科学省に提出、その後も改善が進まないなか、9月、ついに「2024年4月からの大学入試英語成績提供システムを活用した英語4技能検定の延期及び制度の見直しを求める要望書」を提出した。

その内容は次のようなものであった。

●公正・公平の確保が担保されていない。
●地域格差、経済格差をはじめとする諸課題が解決する見通しは立っていない。
●各検定実施団体が、2020年4月からの実施ありきで準備を進めており、英語四技能検定の運用が開始されれば、申し込みの段階から混乱が起きる。
●現高校3年生に対する十分な配慮がなされないままでは今後の指導に大きな支障が出る。
●教育施策の実施に際して、格差を助長することがあってはならない。

大学入試英語成績提供システムについて、令和元（2019）年10月時点で、大学全体の58.9%が利用予定となった。しかし、実施会場については、11月1日時点でも、資格・検定試験団体からの発表は、実施予定の地方名や都道府県、

市町村名にとどまり、すべての実施会場名が具体的に公表された試験はなかった。また、受験料についても、軽減率は5％～20％、平均では6.4％にとどまっていた。

こうした状況のなか、令和元（2019）年11月1日、萩生田光一文部科学大臣（当時）から、システム導入の延期の発表がなされた。

内容は次のようなものであった。

・文部科学省としても、大学入試センターを通じてということもあり、民間試験団体との連携調整が十分でなく、各大学の活用内容、民間試験の詳細事項等の情報提供不足等、準備の遅れにつながった。
・「大学入試英語成績提供システム」は、現時点において経済的な状況や居住している地域にかかわらず、等しく安心して試験を受けられるような配慮など、文部科学大臣として、自信をもって受験生に薦められるシステムにはなっていない。
・これ以上、決断の時期を遅らせることは混乱を一層大きくしかねないため、来年度からの導入を見送り、延期することを決断した。

「大学入試英語成績提供システム」が稼働し、高校生がシステムに申し込む受付が開始される直前のタイミングで、英語入試改革は頓挫することとなった。

対象となっていた高校生のみならず、英語教育改革に長年携わり、英語教育の変革に期待をかけてきた専門家、教

員、関係機関も大きな失望を感じることとなった。

　その後、もうひとつの柱であった「記述式問題」の導入も中止されることとなった。

●文部科学省による総括

　これらを受け、文部科学省は、令和2（2020）年1月に大学入試のあり方に関する検討会議を設置した。「大学入試英語成績提供システム」や大学入学共通テストにおける国語・数学の記述式についての経過を踏まえ、大学入試のあり方について検討を行い、翌年7月、「大学入試のあり方に関する検討会議　提言」を公表した。

　英語入試の改革について、「大学入試英語成績提供システム」の見送りの段階等で指摘された課題を、次の六点にまとめている。

1.地理的・経済的事情への対応が不十分
・都市部に比べて地方では受験可能な試験が限定されていた。
・経済的に困難な受検者に対する検定料軽減が不十分であった。また、練習受検が可能な生徒が有利で、経済的に困難な生徒が不利との指摘があった。

2.障害のある受検者への配慮が不十分
・受験上の合理的配慮の内容について、試験によるばらつ

きが生じているとの指摘があった。

3. 目的や内容の異なる試験の成績をCEFR 対照表を介して比較することに対する懸念
・目的や内容の異なる試験同士をCEFR 対照表を介して比較し、大学入学共通テストの枠組において活用することは根拠に乏しいのではないかとの指摘があった。

4. 文部科学省の民間事業者への関与のあり方
・大学入試センターと既存の英語資格・検定試験の実施団体とが協定を締結して実施するものであったため、文部科学省や大学入試センターが試験実施団体に対して、試験会場の増設や受検料の軽減措置などの指示や命令はできない仕組みであった。
また、実施団体の一部が、同時に試験対策のための参考書等を販売していることについて、利益相反が生じるのではないかとの懸念があった。

5. 英語資格・検定試験の活用に関する情報提供の遅れ
・各資格・検定試験の実施日時・場所などの情報提供が遅れたこと、大学による英語資格・検定試験活用の有無や活用方法が実施前年度になっても明らかにならなかったことから、受験者及び高等学校関係者から不安の声が出された。

6. コロナ禍における英語資格・検定試験の安定的実施の課題

・コロナ禍において、英語資格・検定試験に中止や延期をせざるを得ない状況が生じ、資格・検定試験のスコアに依存することの問題点が明らかになった。

　結果として、資格・検定試験活用の実態や大学の意見、さまざまな課題の困難性を考え、共通テストとしてではなく、各大学の個別試験や推薦入試、総合型選抜入試（AO入試）などで、四技能の総合的な英語力の評価を進めていくという方向性が示されることとなった。

●改革中止についての考察

「大学入試のあり方に関する検討会議　提言」で示された課題の多くは、検討の初期段階から指摘されてきたものであり、そのことから、改革が理念先行であったこと、政治家によるトップダウンで始まったこと、そしてそのため実現可能性を軽視し、実施ありきで進められたことに問題があったという分析がある。また、その結果として、制度設計に緻密さを欠いた、との指摘もある。萩生田文部科学大臣の「身の丈」発言を取り上げる報道もある。

　もとより国民の間でのコンセンサスが脆弱であった「英語教育改革」「高大接続改革」の目的は、公平性・公正性や政局にリフレーミングされてしまい漂流したという分析はできる。

しかしこれらが、「大学入試英語成績提供システム」稼働の直前（令和元〔2019〕年11月）になって、中止の判断がなされたこと、つまり文部科学省が「提言」で示しているような批判はありつつも、実施すべきとして直前まで突き進んでいたのに中止した理由としては不十分だと思える。

　直前になって中止とせざるを得なくなった最大の問題は、高校生が試験を申し込むのに必要な基本的情報（日程、会場、大学が求める試験など）が決まらなかったことであり、それに対して、最も中心たる当該者の高校の代表（全国高等学校長協会）、現場から、中止を求める声が上がったことであると考える。文部科学省の職員からも、あれがターニングポイントになったとの声を聞いている。

　基本的情報が決まらなかった理由は、各試験実施団体に対して強制力をもつスキームではないため、要請することしかできず、調整力を行使できなかったこと、そして、調整役が文部科学省本体ではなく、リソース（人、組織、時間、予算、調整能力）に乏しい大学入試センターであったことにあると考えられる。

●国の改革中止の影響

　大学の英語入試改革の中止は、大きな影響を残した。当然、多くの高校生が制度変更と中止に振り回され、資格・検定試験の受験を踏まえて準備してきたものが評価される機会が失われたことは極めて残念なことであった。

結果として、中央教育審議会答申で謳われた「既存の『大学入試』と『公平性』に関する意識を改革し、年齢、性別、国籍、文化、障害の有無、地域の違い、家庭環境等の多様な背景を持つ一人ひとりが、高等学校までに積み上げてきた多様な力を、多様な方法で『公正』に評価し選抜するという意識に立たなければならない」という理念に対し、伝統的な「公平性」の意識が変容することは（少なくとも改革が中止された時点では）なかったと言えるかもしれない。

　ただし、ここで重要なのは、資格・検定試験を活用した英語大学入試は行われなくなったわけではない、という点である。共通テストとして一律に実施されることはなくなったものの、全国の多くの大学では、英語検定試験やTEAP（Test of English for Academic Purposes）[※2]などの資格・検定試験を活用した入試が着実に拡大しているのである。

　例えばTEAPは、令和7（2025）年3月現在で、全国で500を超える大学で入試に活用されており、それには約100校の国公立大学のほか、早稲田大学、上智大学、明治大学、立教大学、中央大学などの有力大学が含まれる。

　大学にも四技能の入試が必要であるという認識は共有されていて、現実に入試は変わってきているのである。この点を見誤ってはいけない。

●大学英語入試改革と
　都立高校英語入試改革の関連性

　大学の英語入試改革の中止により、当然ながら、同時期に改革を進めていた都教育委員会も影響を受けることとなった。

　英語四技能を入試で評価すること自体に否定的な論調がなされ、短絡的に「国はやめたのに、なぜ都教育委員会はやめないのか」との批判がなされることもあった。しかしむしろ、国の状況を注視しながら、対応策に取り組めたという面も大きいと言える。大学入試改革と都立高校改革は、一体の英語教育改革の流れのなかで進行してきたものであることは間違いない。

　中止と実施という異なる結果になったものの、もとより、大学入試改革と高校入試改革は、基本的な前提条件や環境が異なる。目指す方向性は同じであっても、施策の過程を単純に比較することは適切ではない。

　両者の基本的な違いについて、「受験者」と「実施主体」の二点について述べる。

〈受験者〉
　両者では、受験の対象が異なる。
　言うまでもなく、大学入試を受けるのは全国の高校生、都立高校入試を受けるのは都内公立中学生である。

これがさまざまな違いを導くことになる。

まず、受験者の規模が異なる。大学入試は約50万人、都立高校入試は約8万人が対象であり、受験機会の提供の前提が大きく異なる。

また、中学生と高校生を取りまく環境の違いは試験の内容に直結する。高校生が受験するテストとしては、英検やGTEC、TEAP、TOEFLなど、複数の資格・検定試験が存在する。入試改革では、これら複数のテストがシステムで運用する試験として採用された。一方、日本の中学生が受験するテストとして想定される既存の試験は、国内用に設計された英検やGTECに限られる。このため、都教育委員会は、学習指導要領を踏まえた独自の問題を開発して、実施することとした。

これにより、約8万人を対象とした単一の都教育委員会独自問題として、試験を行うスキームとなった。

〈実施主体〉

また、実施主体が異なる。

都立高校入試は都教育委員会が管轄する都立高校の入学者を選抜する方法であり、都教育委員会が試験を実施する直接の主体となる。そして、入試で活用するスピーキング・テストの実施主体も都教育委員会である。これにより、試験実施に関して、協定に基づく事業者（令和5〔2023〕年度までベネッセ、令和6〔2024〕年度からブリティッシュ・カウンシル）と共同で準備を進める過程で、生徒や学

校などに配慮したさまざまな改良や対応を重ねてきた（詳細は第六章参照）。

　結果として、大学入試センターが、複数の試験実施団体に対して、「要請」という形式で改善を求めることしかできなかったことで中止への大きな要因につながったのに対し、都立高校入試改革は、都教育委員会が事業者とともに、実施過程で改善の実行を可能とするスキームとしていたことが、新制度の実施を可能とした要因となったと言える。

　このように、大学における英語入試改革と、都立高校における英語入試改革は、英語教育改革の観点からその理念や目的を共有するものの、そのスキームは大きく異なるものである。これらの理解が進むにつれ、両者を表面的に同一視することによる批判はなくなった。

註

※1 「身の丈」発言
　　萩生田文部科学大臣がテレビ番組で、MCがお金や地理的に恵まれた生徒が有利になるのではないかと質問したのに対し、「それは『あいつ、予備校っていてずるいよな』と言うのと同じ。裕福な家庭の子が回数を受けてウォーミングアップできるようなことはあるかもしれないが、そこは自分の身の丈に合わせて2回を選んで勝負してもらえれば」と答えた。この発言に対してさまざまな反応があったが、経済格差による教育格差の容認だとの声もあった。

※2 TEAP (Test of English for Academic Purposes)
　　上智大学と公益財団法人 日本英語検定協会が共同で開発した、大学で学習・研究する際に必要とされるアカデミックな場面での英語運用力（英語で資料や文献を読む、英語で講義を受ける、英語で意見を述べる、英語で文章を書くなど）を測定するテスト。
　　テストは総合的な英語力を正確に把握することができるよう「読む」「聞く」「書く」「話す」の四技能で構成されている。

第十章 | **論争の真相**

スピーキングを含む四技能のテストの導入は、日本の英語教育改革における長年の課題への挑戦であり、大学入試改革で中止されたことから見ても、難度の高い取り組みであることは間違いない。だからこそ、10年余に亘り、都教育委員会は学校関係者や有識者など多くの方々とともに検討を重ね、作り上げてきた。

ESAT-Jはこれまで受験を希望するすべての生徒に受験機会を提供し、評価を行い、結果返却を完了してきた。これからも、引き続き改善を続けていく必要があると認識しており、そのための建設的な意見もいただいている。

その一方で、ESAT-Jに対しては、おもに実施当年(令和2〔2022〕年)になってから、中止を求める運動が起き、噛み合わない議論が続けられるという特異な経緯を辿った。

本章では、これまで行われた論争の論点と、それに対する真相を確認していく。

●民間事業者との共同実施への懸念

これまで述べてきたように、ESAT-Jは、都教育委員会が英語の資格・検定試験の運営実績のある事業者と協定を締結し、都独自のテストを作成し、実施している。しかしながら、民間事業者と共同で試験を実施することに対する懸念の声がある。民間事業者が関与することは、教育の市場化につながる、あるいは利益を追求する民間企業には適正な試験運営はできない、情報漏洩を起こす、といった主張である。

政策実施において、官民連携はごく当然に行われている。とくに、ESAT-Jでは、タブレットなど試験資材の調達や輸送、試験会場の運営、採点の実施と進捗の管理、申し込みから結果返却までのシステムの構築などを、安定的、経済的に実施することが必要となる。そのための事業者のノウハウ活用である。

　民間事業者と業務を行うにあたり明確にしておくべき項目については、ほかの多数のケースと同様、事業者と締結している協定や覚書で確認している。例えば、事業者はESAT-Jに特化した模擬試験や関連教材を作成、販売することなどは禁止されている。また、情報漏洩は官民を問わず、最大限の対策をとるべき事項である。

　繰り返しになるが、現代社会においてすべてを行政が直接調達することはあり得ない。法令等に基づき、適正な運用をすることが重要なのであり、民間企業であることをもって試験運営を適正に行うことはできないという懸念は当てはまらないだろう。

●採点、評価

　スピーキングの力の客観的な評価は難しく、採点の公平性・公正性を担保することは困難であるとして、入試に活用するべきではないとの主張がある。ESAT-Jの採点は、大学卒でTESOLの証明書を取得するなど、高度な英語力と英語教育に関する専門的な知識や技能をもち、事前研修を受講し基準を満たした者のみが行っている。

第十章　論争の真相　181

英語の資格・検定試験の世界基準は、スピーキングを含む四技能であり、国内外の入試などに広く活用されるなど、就職や生涯学習等、社会的に認知されている。また、記述式問題、作文、面接、実技検査など、多様な方法による選考は、すでに広く実施されている。これらの試験では、明確な採点基準、能力の確認された採点者、複数による採点等により、公平な採点を担保している。ESAT-Jの採点方法の考え方も、これと同様である。

●格差助長の可能性

スピーキングは習得が難しく、学校だけでは十分な学習ができないので、塾に通える子供が有利で格差を助長する、という主張がある。これまで述べてきたように、中学校における英語の授業では、生徒が事実や自分の考え、意見を英語で伝え合う活動に取り組むなど、スピーキングを含む四技能を伸ばす授業が行われている。またすでに、授業のなかでも、パフォーマンステストとしてスピーキングの力も評価されている。

ESAT-Jは、中学校での学習内容から出題し、その成果を測るものであり、通常の授業で学べば、十分に対応できる問題として出題している。また、都教育委員会は、生徒が興味や関心に応じて、さらに学習できるように、ESAT-Jの過去の問題や解答例をウェブサイトに掲載するとともに、英語で話す練習ができる数多くの動画教材を配

信している（「付録」参照）。

ESAT-Jは、このように、塾や英会話学校等に行かなくても十分に対応できるテストであり、特定の学習や経験が有利になることはない。

スピーキングの学習は、大学に入ってから行えば十分との主張もあるが、日本における英語学習はそのような意見のもとに実施されていない。もとより多くの生徒が、そして日本人が、英語を学ぶことで話せるようになりたいと考えているはずだ。

スピーキングの力を高めたいという生徒の希望を叶えるためには、中学生がみんな通う学校での授業を改善し、授業のなかでしっかりとその力を伸ばすことができるようにするべきである。

そのための取り組みが、ESAT-Jであり、それを活用した授業改善なのである。

塾などに通える子供が有利だとする主張に乗れば、それはスピーキングに限らずすべての教科にかかわるものになり、現状がすでにそうであるということになってしまう。塾に通える子供が有利だから避けるのではない。避けきれるものでもない。塾に行かなくても、意欲があればしっかり学べる環境を、複合的に提供することこそが大切である。

施策として取り組まないことが格差の拡大につながる懸念こそ、認識されるべきである。

第十章　論争の真相　183

●英語の授業や進路指導のスケジュールへの影響

　授業において生徒が発音や文法に気を遣い、コミュニケーションに消極的になるのではないか、との声がある。先に述べたが、ESAT-Jの評価のポイントは、コミュニケーションの達成度を重視しており、コミュニケーションの達成に必要な文法と音声も併せて評価するものである。従来の試験が、文法などの間違いを指摘して減点する試験であったのに対し、ESAT-Jでは、積極的な発言をプラス評価している。授業を通じて、間違いを恐れずにコミュニケーションを積極的に図る態度を育成することを後押しするものである。

　スケジュールについて、試験の結果返却が毎年1月であることから、中学校での進路指導に影響が生じるのではないか、との声もある。試験の実施、返却時期の設定については中学校の教育課程と、3年間の学習成果を測るための適切な時期として、区市町村教育委員会や中学校長から意見を反映し、返却されたテスト結果を基に中学校において進路指導を行う期間等を確保することを考慮したうえで決定している。

●音漏れの発生

　スピーキング・テストでは、テスト受験時は声が出る（これは、既存の英語の資格・検定試験でも同じである）。

これが不正につながるとの懸念の声がある。ESAT-Jでは
すべての中学生が受験することを考慮し、資格検定試験に
比べて、音声に関する対策をとっている。専用のヘッドセッ
トを使い、物理的に遮音性を高めているほか、ホワイト
ノイズと呼ばれる音を流し、周囲の音声を聞こえにくく
する処理をしている。これらにより、周りの音声は聞き分け
ることはできないレベルになっている。ほかの生徒の音声
を聞き分けながら、それをまねて解答することは現実的で
はない。

　また、周囲の生徒の声が録音されてしまい、自分の解答
が適切に採点されないのではないか、との声もある。解答
音声は、高機能集音マイクを口元に設定して録音するため、
本人の音声と周りの生徒の音声の区別は明確にできるので、
受験生自らの解答音声で確実に採点できることを確認して
採点している。

●試験実施日の運営

　試験当日に、機器不良や試験監督による現場対応の誤り
により試験の遅延や再試験が起きているため、入試活用を
中止せよとの主張がある。機器不良や指示ミスは解決が不
可欠な課題であり、根絶に向けた対応を重ねている（第六
章参照）。大学入試、高校入試などでも例年、同様の事象
は生じているが、共通する対応は2点ある。

　まず、このような事象が生じないように万全の準備と体
制で実施することだ。

そしてもうひとつは、当日はさまざまな事象が生じることを想定し、発生時に適切な対応を取れるように備えておくことである。

機器不良については、引き続きタブレットやソフトウェアのヴァージョン・アップや、事前点検の徹底を行っている。

試験監督の指示ミスについては、事前の研修やマニュアルを改善して、スタッフの練度を上げていくことに取り組む。試験当日は、会場責任者や試験監督のほか各教室に複数配置する生徒支援の補助者、会場誘導など多数のスタッフによりチームで対応している。スタッフは、それぞれの業務内容や経験等に応じて配置している。アルバイトの任用が原因であるとの主張があるが、雇用形態が問題なのではなく、役割に応じて業務内容を理解し、当日適切に業務を行えるようにすることはもちろん、個人の能力に頼るのではなく、組織的に対応できる体制をつくることが肝要であると考える。

試験開始の遅延や再試験は根絶すべき課題である。上記ふたつの観点からの対応を徹底し、発生ゼロを目指して取り組んでいく。

●受験できなかった生徒への措置

ESAT-Jの実施日に、やむを得ない理由により受験することができなかった生徒が、都立高校を受験する場合、不

利にならないよう取り扱うこととしている。これはテスト当日、事故やインフルエンザ等、本人の責によらない事情のあった生徒や、ESAT-Jの実施日以降に、都立高校入試を受験することになった国立・私立中学校の生徒、吃音や緘黙等の障害・疾患のある生徒などに対してのみ適用する。申請に基づき都教育委員会が認めた場合にのみ適用されるものであり、生徒自身がESAT-Jを受験しないと選択できるものではない。

　具体的には、都立高校入試（毎年2月実施）のテストで、当該生徒と英語の学力検査の得点が同じ者等のESAT-J結果の点数の平均値を用いて、点数を算出する措置である。[※2]つまり、2月の都立高校入試の英語の点数から、ESAT-Jの得点を想定して、ESAT-Jの得点が0点になることを回避しようとするものである。

　合格者を決めるための限られた情報から、ESAT-Jの得点を推定する方法としては、これは合理的で最善の方策であると考えられる。この方法は、不登校や海外からの帰国（帰国子女）などの理由により、入試の際に提出される調査書に、調査書点、いわゆる内申点の記載がない生徒のために、すでに高校で取られているものと同じである。

　ESAT-Jを受験しなかった者に「仮のESAT-J」の点数を付与すると、ESAT-Jを受けた受検者との逆転現象が生じるとの主張があるが、都立高校入試はさまざまな事情・状況にある多様な生徒が受験することから、こうした対応を組み込むことは必須である。

施策は所与の条件のもとで、最大限の対象に対し最大限の効果を発揮することを目指すべきである。とくに教育の施策については、さまざまな事例に配慮した個別の対応を組み合わせて制度設計していくことが不可欠なのである。

●情報公開の範囲

都教育委員会は、試験に関する情報を公開していないとの批判がある。試験の実施にあたってはさまざまな情報を扱うことになり、そのなかには公開すべきものと、公開できないものが自ずと存在する。ESAT-Jに関するさまざまな情報は、都教育委員会ホームページにESAT-J特設サイトを開設し、リンク先を広報活動によって発信している。また、区市町村教育委員会、校長、教員などを対象とした説明、リーフレットや広報誌など種々の手段による中学生、保護者への説明により情報を伝えている。さらに、議会等でも質疑により説明をしている。

一方で、秘匿性が求められるテストに関する内容があること、中学生を対象とした試験でありさまざまな個別の配慮が求められるケースがあることなどの理由で、都教育委員会が発信する内容を制限することがある。例えば問題作成者や採点者、データを管理している場所、病気や障害などのために配慮した特別措置に関する状況、中学生の個別の状況の公開につながる恐れのある情報などである。このような、試験に求められる機密性や個人情報の保護を考慮して公開できないと判断している事項については、批判が

あったとしても公表はできない。

　今後も発信していく情報についてはその範囲を不断に判断し、できるだけ公開していくことになるだろう。

●英語教育の土俵で、建設的な議論を

　これまで都議会議員やさまざまな関係団体から、改善に向けた具体的提言や評価をいただいてきた。改善に反映させたいくつかの取り組みを紹介したい。

・意欲のある生徒が、興味関心に応じて学校外でもスピーキングの練習ができるように、オンラインで活用できる教材を充実させたこと
・中学校での進路指導に関するスケジュールについて、生徒・保護者に丁寧に説明し不安解消に努めたこと
・受験上の配慮について障害の特性や必要な配慮について具体的に情報をいただき、試験日の対応に反映させたこと
・特別支援に関する専門性のあるスタッフを会場に配置し対応するほか、情報を収集して次年度以降の改善につなげていること
・必要な配慮申請が広く行われるよう、保護者や教員への周知を徹底したこと
・特別支援学校に通う生徒に、学校等で体験受験をする機会を提供したこと

第十章　論争の真相　189

英語教育の改善という、議論の土俵が共有されていれば、さまざまな具体的提言がなされ、事業はよりよいものになっていく。

　噛み合わない議論はなぜ生じるのか。
　エコー・チェンバーと呼ばれる現象がある。
　自分と同じような意見や思想・利害をもつ人々が、ある空間のなかで集まりコミュニケーションが繰り返されることで、自分の考えが肯定され、それが一般的にも正しいと信じ込んでしまう現象をいう。議論の土俵が共有されていれば、本来、憶測や決めつけに基づく一方的な主張にはならないはずである。

　これまで述べてきたように、ESAT-Jは有識者や区市町村教育員会、中学校、教員など多くの関係者の責任感と使命感によってつくられ、その意見を反映させながら、繰り返し実施されている。何より、毎年およそ7万人の中学生が不断の努力の成果を発揮しようとテストにチャレンジしている。都教育委員会にはそれに応える責任がある。
　次代を生きる子供たちの育成という観点に立つ、真に必要な「英語教育の議論」に立ち返ったうえで、その先の日本の英語教育改革につなげる議論こそが求められている。

註

※1 TESOL (Teaching English to Speakers of Other Languages)
大学院等の機関が、英語を母語としない生徒に対する英語教授法のプロ
グラムを修了した者に与える資格。

※2 受験できなかった生徒への措置に関する詳細は、令和4 (2022) 年5月
26日「教育委員会報告資料」を参照。
URL:https://www.kyoiku.metro.tokyo.lg.jp/press/press_
release/2022/files/release20220526_03/bessi.pdf

付録 | **スピーキングの力を
伸ばすためのTIPS**

ここでは、中学生や高校生をはじめとして、スピーキングの力を伸ばしたいと思っている方々に向けたTIPS（ヒント、秘訣）を紹介します。

●英語、恐るるに足らず

　小学校から高校まで、教科として学んでいる英語は基本的に、学問ではありません。どういうことかというと、数学や化学、歴史のように、学問として体系化されたものを学ぶ教科ではない、年齢に応じたレベルで知識や思考が必要な学習ではない、ということです。

　言い方を変えてみましょう。英語を母語とする国に生まれ育てば、ほとんどの人が英語を習得することができます。あるいは、いくつかのヨーロッパの国では、英語やほかの言語など、複数の言葉を使える人は多数います。

　英語自体が習得の難しいものであるわけではないのです。誰でも、やればできる、ということです。

●日本語に比べれば

　外国人が、日本語を学ぶ場面を想像してみてください。発音が難しいのは、日本人が英語を学ぶときと同じです。加えて、日本語には、ひらがな、カタカナ、漢字があります。漢字は読み方が複数あって、前後により読み方が変わります。表記によりニュアンスが変わります。例えば、「愛」「あい」「アイ」。どれも微妙にニュアンスが異なります。「いっぽん（一本）」「にほん（二本）」「さんぼん（三

本)」と、同じ「本」でも読み方が異なります。きっと絶望的な気持ちになるのではないかと心配です。

　そんな複雑極まりない日本語を習得した皆さんにとって、英語ははるかにシンプルな言語と言えます。自信をもってください。

●大切なことは

　英語四技能の時代の英語は、体育や音楽のような実技科目の側面が大きくなります。単語や熟語、文法を覚えたり、長文を読んだりする力の価値が失われるわけではありませんが、英語でコミュニケーションするために聞いたり話したりする力が一層重要となるからです。

　それゆえ、コミュニケーションを続けようとするための姿勢がとても重要となります。

　加えて、とくにスピーキングは、姿勢だけでなく、口のさまざまな部位を使って、実際に声を出すという身体的活動であることを改めて意識することが大切です。

「とにかく、声に出してみる」

　声に出さなければ始まりません。

　声を出すとは、唇や舌、口内、喉などのさまざまな部位の筋肉を動かす動作です。どう動かせば、どんな音になるか意識しながら、とにかく声に出してみることから始めてください。

付録　スピーキングの力を伸ばすためのTIPS　195

「大きな声で話す」

　相手に伝わるための最初の、そして実は最強のヒントは、「大きな声で話す」ことです。

　できそうでできないのです。意識的に大きな声を出すようにしてください。

「自分の使える言葉で、うまく置き換えて表現する」

　日本語で考えて、それを英語に訳そうとするよりも、伝えたいことを自分が使える英語を活用して表現する、という発想の転換が大切です。

　例えば、

「何かお困りですか？」→「何か？」「お困り？」って英語でなんて言うんだっけ？ではなく、困っている状況を確認できればいいのだから、

Is everything alright?　や Are you okay? で大丈夫です。

「会話はキャッチボール」

　会話は、一方が他方へと、一方向に伝達するというよりも、話し手と聞き手が入れ代わりながら積み上げていく双方向の作業です。単語だけでも伝えれば、聞き手が想像して「こういうこと？」と聞き返してくれます。

　日本人は得てして、相手の言っていることが分からないと「自分のリスニング力がないからだ……」、話したことが相手に伝わらないと「自分のスピーキング力がないからだ……」という具合に、すべて自分に責任があるかのよう

に考えがちです。

その考えは断ち切りましょう。相手がネイティブ・スピーカーなら、相手側にもこちらが分かるように話す姿勢が必要です。こちらの言いたいことに気づいてサポートすることもできるはずです。

また、ネイティブ・スピーカーではない人と会話する場合（つまりお互いに英語が母語ではない場合）、もしかすると、相手のスピーキング力やリスニング力に理由があるのかもしれません。お互いさまなのです。

これからの時代は、ノン・ネイティブ同士が英語で会話するケースがどんどん増えていきます。過度な遠慮や奥ゆかしさは、会話の妨げになりかねません。

「日本語アクセントの英語で十分」

日本人は、過度に発音に執着する傾向があります。ネイティブ・スピーカーのような発音をする必要はありません。

英語を話す人は世界で約15億人、そのうちネイティブ・スピーカーは約4億5000万人、英語が母語ではないノン・ネイティブ・スピーカーは約10億5000万人です。ノン・ネイティブのほうがずっと多いのです。

世界中のノン・ネイティブ・スピーカーが、母語のアクセント（訛り）をもった英語を話しています。大切なことは、伝わることです。日本語訛りの英語で堂々とコミュニケーションする。とても素敵なことではありませんか！

「たくさん話す」

　間違いを恐れず、たくさん話すことがコミュニケーション成功へのカギです。これには、これまでのテストに慣れてしまっている意識の転換が必要です。100点満点から、ミスした点数を減点していくテストに慣れてしまっているから、話すときにも間違えることを無意識に避けてしまおうとして、発話量が減ってしまうのです。

　スピーキングのテストは評価基準がまったく異なります。ESAT-Jもそうですし、最近の英会話アプリなどでもそうですが、発話量が多いことが積極的に評価されます。実際の会話の場面でも、発話量の多さがコミュニケーションの成功につながるからです。

「文法や語彙の勉強は」

　これまで、文法や単語、熟語、表現を学んできたことはもちろん大切な財産です。スピーキングで表現できる幅を広げることができます。大切なことは偏ることなく、話すことも一緒に学んでいくことです。

●スピーキング学習方法紹介

　以下に東京都教育委員会作成の、オリジナル・オンデマンド映像教材を紹介します。

　中学生を対象としたものを紹介しますが、初級から上級のものまで、多数あります。

　これらの教材は、もちろん無料で、いつでもどこでも誰

でも利用できます。

都独自英語教材『Welcome to Tokyo』

東京都62区市町村の特色を取り入れた、日本・東京の文化や歴史等の理解の促進と、英語による発信力の向上を図るための教材です。

<教材へはバナーをクリックしてください>

Beginner（入門編）

（小学3・4年生向け）

オリジナルキャラクターと一緒に、「これって英語でなんていうの？」とふと感じることを、映像やチャンツなどを通して楽しみながら学べます。

Elementary（初級編）

（小学5・6年生向け）

東京や日本のことをオリジナルキャラクターと一緒に知ることができ、東京にいらした人たちに英語で説明できるようになる教材です。

Basic（基礎編）

（中学生向け）

楽しみながら実際のコミュニケーションを学び、東京や日本のことについて英語で説明できるようになる教材です。

Intermediate（発展編）

（高校生向け）

東京や日本の文化・魅力などを再発見し、その生活・文化・スポーツ・伝統・歴史について英語で伝えられるようになる教材です。

中学校英語「話すこと」トレーニング

東京都教育委員会が作成した、中学生の英語スピーキング能力を育成するためのトレーニング動画です。映像を見たり聴いたりしながら、スピーキングの練習に取り組むことができます。

- このテーマでできること・教材の使い方
  (PDF 形式:0.7MB)(A4 1枚)
- Stage1~3「できること」リスト(生徒用)
  (PDF 形式:0.3MB)(A4 3枚)
- Stage 1~3「できること」リスト(教員用)
  (PDF 形式:0.4MB)(A4 3枚)

中学校英語「話すこと」やり取り・発表のモデル映像

「やり取り」・「発表」のモデル映像です。映像を視聴することで授業や実際のコミュニケーション場面で英語を使用するイメージをもつことができます。

- このテーマでできること・教材の使い方
  (PDF 形式:0.6MB)(A4 1枚)
- Stage1~3「できること」リスト(生徒用)
  (PDF 形式:0.4MB)(A4 3枚)
- Stage 1~3「できること」リスト(教員用)
  (PDF 形式:0.4MB)(A4 3枚)

中学校英語「話すこと」トレーニング

中学校英語「話すこと」やり取り・発表のモデル映像

TokyoGlobalStudioについて

TokyoGlobalStudio

トウキョウグローバルスタジオ

TokyoGlobalStudio（トウキョウグローバルスタジオ）は、東京都教育委員会が、多様な機関と連携して制作した、英語を使う楽しさや有用性を体感できる、英語動画教材です。

小学生・中学生・高校生・教員向けの動画コンテンツ全100本を、本ウェブサイトで配信しています。（2020年10月23日配信開始）

小中学校向けの教材は、学習指導要領に基づく内容とし、高校向けの教材は、学習指導要領を踏まえながらも、より幅広く発展的な内容を扱っています。

マジカル・イングリッシュ・スクールは、小学3年生からの外国語活動に向けて、英語に楽しく自然な形で触れることができるよう英語を使った歌やゲームを収録しています。（2022年3月25日配信開始）

学校での授業やオンライン授業、家庭学習等、幅広くご利用ください。

おわりに　日本の英語教育改革につなげる議論へ

　スピーキング・テストの入試活用の目的は、至って単純かつ明快である。四技能を伸ばす授業が行われているのだから、四技能をしっかりと評価する必要がある。そして入試でも評価するべきである、ということである。

　理科が、物理・化学・生物・地学という四領域あるから、四領域とも適正に評価するべき、ということと同じである。「話すこと」の評価が入試で行われずに来たのは、適切な方法が見つからずそれができなかったからにすぎない。現在は、ICT（情報通信技術）や既存の蓄積されたノウハウの活用などの工夫により、それが可能となっている。

　繰り返しになるが、英語は実技の側面が強い。暗記や読解は苦手でも、聞いたり話したりするコミュニケーションは得意な生徒もいる。そのような生徒を適切に評価しないのは不作為による過誤とさえ言えるのではないか。

　都教育委員会は、そのような強い課題意識と使命感を共有し、ここまでESAT-Jを設計し、事業者とともに試験を実施してきた。大学入試改革が中止になったことにより、さらにその危機感は高まった。

　いまやらなければ、日本の英語教育はさらに10年遅れてしまう。そしてそれは、恐らく二度と取り戻せない損失になる、というのがESAT-Jに携わる人々の共通認識であった。

ESAT-Jは、東京都教育委員会が進める英語教育の施策体系のなかのひとつである。ESAT-Jを活用することで、英語の授業が改善され、子供たちの意欲を高め、英語力を伸ばしていくことが目的であることは繰り返し述べた。

　なぜここで、改めて述べるのかと言えば、公教育、小中高校での英語教育の改善が不可欠であると考えるからである。

　子供たちが日常的に英語を使う場面は、拡大していくだろう。

　英語四技能の資格・検定試験は、大学入試の共通テストでの活用は中止になったが、個別の入試での活用は着実に拡大している。就職試験や留学などで求められるのも、世界スタンダードの四技能試験である。高校入試でスピーキング・テストが実施されようと中止されようと、将来多くの人が四技能の英語試験を受けることになるのは避けられない。仕事で英語力が求められる機会も増えるであろう。それを見越して、あるいはそうなったときにやむにやまれず、私費を投じて英語を学ぶことは否定されることではないが、英語を学習する基礎として、学校教育でしっかり学べる環境を整えることが必要である。

　繰り返しになるが、公教育の施策を着実に実施することが、生徒の能力を最大限に引き出すことにつながり、かつ格差解消につながるのである。

　ESAT-Jというスピーキング・テストの実施により、日

おわりに　203

本特有のガラパゴス入試からの脱却はなされた。しかし、テストの実施は手段であり目的ではない。

　都教育委員会では、これからも、ESAT-Jの改善のみならず、小中高一貫した英語四技能の育成に向けた重層的な施策展開により、英語教育全体のバージョンアップに取り組んでいく必要があるだろう。そしてそれは、東京都に限らず、全国の教育委員会が共有する責務と言えよう。興味を持っていただけたら、巻末の連絡先にお問い合わせくださると幸いである。

　英語教育の改善のために、子供たちの未来のために、その必要性を共有する多くの人々や組織と協働し、日本の英語教育改革のムーブメントが発展していくことを、切に望むものである。

令和7（2025）年4月

瀧沢佳宏

参考文献──（HPについては、令和7〔2025〕年3月下旬に最終閲覧）

〈行政資料等〉

東京都教育委員会（2024）「東京都教育ビジョン（第5次）」
https://www.kyoiku.metro.tokyo.lg.jp/about/action_and_budget/action/vision/vision2024

東京都教育委員会（2016）「グローバル社会を切り拓く人材の育成に向けて　東京都英語教育戦略会議報告書」平成28年9月

東京都教育委員会（2017）「東京都立高等学校入学者選抜英語検査改善検討委員会報告書」平成29年

東京都教育委員会（2018）「東京グローバル人材育成計画'20」平成30年2月

東京都教育委員会（2019）「英語『話すこと』の評価に関する検討委員会報告書」平成31年2月

東京都教育委員会（2019）「東京都中学校英語スピーキング・テスト事業実施方針」
平成31年2月

東京都教育委員会（2022）「東京グローバル人材育成指針　東京型グローバル人材育成モデルの実施に向けたガイドライン」令和4年3月

東京都教育委員会（2023）報告資料「中学校英語スピーキングテスト（ESAT-J）令和4年度実施状況及び令和5年度実施について」令和5年4月13日

東京都教育委員会（2024）報告資料「中学校英語スピーキングテスト　令和5年度実施状況について」令和6年4月24日

東京都教育委員会（2024）『令和6年度受験の手引き』

東京都教育委員会（2024）『令和6年度　受験上の配慮に関する案内書』

東京都教育委員会「【特設ページ】中学校英語スピーキングテスト（ESAT-J）」
https://www.kyoiku.metro.tokyo.lg.jp/school/content/global/esat-j

東京都教育委員会「令和6年度　中学校英語スピーキングテスト（ESAT-J）のお知らせ（令和6年5月）」https://www.kyoiku.metro.tokyo.lg.jp/documents/d/kyoiku/r6_leaflet

東京都教育委員会「令和6年度　中学校英語スピーキングテスト（ESAT-J）のお知らせ【学習編】」https://www.kyoiku.metro.tokyo.lg.jp/documents/d/kyoiku/03_r6_leaflet_study

東京都教育委員会「令和6年度 ESAT-J YEAR 3問題及び解答例」https://www.kyoiku.metro.tokyo.lg.jp/documents/d/kyoiku/r6_y3-pdf

東京都教育委員会「令和6年度 ESAT-J YEAR 3本試日問題の各パートにおける解答例」
https://www.kyoiku.metro.tokyo.lg.jp/documents/d/kyoiku/r6_year3_answer_2-pdf

東京都教育委員会「個人レポートサンプル及び個人レポートの見方」https://www.kyoiku.metro.tokyo.lg.jp/documents/d/kyoiku/r6_year3_sample-pdf

東京都教育委員会「令和6年度 ESAT-J YEAR 3 予備日　問題及び解答例」
https://www.kyoiku.metro.tokyo.lg.jp/documents/d/kyoiku/r6_esatj_yobibi_mondai_kaitou-pdf

東京都教育委員会「令和5年度問題　ESAT-J YEAR 1（解答例あり）（中学校1年生対象）」
https://www.kyoiku.metro.tokyo.lg.jp/documents/d/kyoiku/r5_esat-j_year1_mondai_kaitou

東京都教育委員会「令和5年度問題　ESAT-J YEAR 2（解答例あり）（中学校2年生対象）」
https://www.kyoiku.metro.tokyo.lg.jp/documents/d/kyoiku/03_esat-jyear2_

honsikenmondai_kaitourei

東京都教育委員会「中学校英語スピーキングテスト（ESAT-J）のお知らせ～都立高校入試への活用について～」https://www.kyoiku.metro.tokyo.lg.jp/documents/d/kyoiku/chirashi03

文部科学省・国立教育政策研究所（2023）「OECD生徒の学習到達度調査　PISA2022のポイント」https://www.nier.go.jp/kokusai/pisa/pdf/2022/01_point_2.pdf

文部科学省（2019）「各資格・検定試験とCEFRとの対照表（平成30年3月）」
　https://www.mext.go.jp/content/20210621-mxt_daigakuc02-000016052_5.pdf

文部科学省「英語教育実施状況調査」平成28年度から令和5年度（令和2年度は中止）
令和5年度 https://www.mext.go.jp/a_menu/kokusai/gaikokugo/1415043_00005.htm
令和4年度 https://www.mext.go.jp/a_menu/kokusai/gaikokugo/1415043_00004.htm
令和3年度 https://www.mext.go.jp/a_menu/kokusai/gaikokugo/1415043_00001.htm
令和元年度 https://www.mext.go.jp/a_menu/kokusai/gaikokugo/1415043.htm
平成30年度 https://www.mext.go.jp/a_menu/kokusai/gaikokugo/1415042.htm
平成29年度 https://www.mext.go.jp/a_menu/kokusai/gaikokugo/1403468.htm
平成28年度 https://www.mext.go.jp/a_menu/kokusai/gaikokugo/1384230.htm

中央教育審議会（2014）「新しい時代にふさわしい高大接続の実現に向けた 高等学校教育、大学教育、大学入学者選抜の一体的改革について ～ すべての若者が夢や目標を芽吹かせ、未来に花開かせるために ～（答申）」

文部科学省（2024）「令和5年度『英語教育実施状況調査』概要」https://www.mext.go.jp/content/20240527-mxt_kyoiku01-000035833_1.pdf

文部科学省（2020）「大学入学者選抜関連基礎資料集」『大学入試のあり方に関する検討会議（第7回）参考資料2』令和2年5月12日
　https://www.mext.go.jp/content/20200513-mxt_daigakuc02-000007071_10.pdf

文部科学省（2020）「大学入試における英語民間試験活用の導入に係る検討経緯の整理」

文部科学省（2021）「大学入試のあり方に関する検討会議 提言」令和3年7月

文部科学省（2021）「総合的な英語力の育成・評価が求められる背景について」『大学入試のあり方に関する検討会議（第21回）』
　https://www.mext.go.jp/content/20210216-mxt_daigakuc02-000012828_11.pdf

文部科学省（2021）「大学入試のあり方に関する検討会議（第28回）配布資料」令和3年6月
　https://www.mext.go.jp/b_menu/shingi/chousa/koutou/103/siryo/1417595_00033.htm

文部科学省（2002）「『英語が使える日本人』の育成のための戦略構想―英語力・国語力増進プラン―」https://www.mext.go.jp/b_menu/shingi/chousa/shotou/020/sesaku/020702.htm#plan

文部科学省（2003）「『英語が使える日本人』の育成のための行動計画」
　https://www.mext.go.jp/b_menu/shingi/chukyo/chukyo3/004/siryo/04031601/005.pdf

文部科学省高大接続システム改革会議（2016）「高大接続システム改革会議『最終報告』」

文部科学省（2003）「国際共通語としての英語力向上のための5つの提言と具体的施策」
　http://www.mext.go.jp/component/b_menu/shingi/toushin/__icsFiles/afieldfile/2011/07/13/1308401_1.pdf

文部科学省（2013）「グローバル化に対応した英語教育改革実施計画」
　http://www.mext.go.jp/b_menu/houdou/25/12/__icsFiles/afieldfi

le/2013/12/17/1342458_01_1.pdf

文部科学省（2014）「英語力の評価及び入試における外部試験活用に関する小委員会　審議のまとめ」http://www.mext.go.jp/b_menu/shingi/chousa/shotou/102/102_2/gijiroku/1351558.htm

文部科学省（2014）「今後の英語教育の改善・充実方策について　報告～グローバル化に対応した英語教育改革の五つの提言～」

http://www.mext.go.jp/b_menu/shingi/chousa/shotou/102/houkoku/attach/1352463.htm

文部科学省（2014）「英語力評価及び入学者選抜における英語の資格・検定試験の活用促進に関する連絡協議会」HP

http://www.mext.go.jp/b_menu/shingi/chousa/shotou/106/index.htm

文部科学省（2015）「英語力評価及び入学者選抜における英語の資格・検定試験の活用促進に関する連絡協議会」HP

http://www.mext.go.jp/b_menu/shingi/chousa/shotou/106/shiryo/1356067.htm

文部科学省（2015）「高大接続改革実行プラン」

http://www.mext.go.jp/b_menu/shingi/chukyo/chukyo12/sonota/__icsFiles/afieldfile/2015/01/23/1354545.pdf

文部科学省（2015）「生徒の英語力向上推進プラン」

http://www.mext.go.jp/a_menu/kokusai/gaikokugo/__icsFiles/afieldfile/2015/07/21/1358906_01_1.pdf

文部科学省（2018）「高等学校学習指導要領（平成30年告示）」
文部科学省（2009）「高等学校学習指導要領（平成21年告示）」
文部科学省（1999）「高等学校学習指導要領（平成11年告示）」
文部科学省（1989）「高等学校学習指導要領（平成元年告示）」
文部科学省（1978）「高等学校学習指導要領（昭和53年告示）」
文部科学省（1970）「高等学校学習指導要領（昭和45年告示）」
文部科学省（1960）「高等学校学習指導要領（昭和35年告示）」

〈書籍・論文等〉 表出順

（第一章）

Ethnologue ©Statista 2020　https://www.ethnologue.com/insights/ethnologue200/
W3Tech　https://w3techs.com/

Kai L.Chan,PhD,（2016），POWER LANGUAGE INDEX　http://www.kailchan.ca/wp-content/uploads/2016/12/Kai-Chan_Power-Language-Index-full-report_2016_v2.pdf

一般社団法人国際ビジネスコミュニケーション協会（2019）「英語活用実態調査　企業・団体　ビジネスパーソン」

British Council「CEFR（ヨーロッパ言語共通参照枠）」https://www.britishcouncil.jp/programmes/english-education/updates/4skills/about/cefr

（第三章）

一般財団法人自治体国際化協会（CLAIR）　The Japan Exchange and Teaching Programme
https://jetprogramme.org/ja/

瀧沢佳宏・森晶子・織田信雄ほか（共著）（2019）『TGGの挑戦　～英語で「伝わる！」感動体験をすべての子供たちに～』TOKYO GLOBAL GATEWAY

日本経済新聞　「東京の英語力伸び全国一」2024年2月17日

（第七章）

辰田りえ（2025）「話すことを意識した指導」『英語教育』2025年2月号1頁　大修館書店

原田博子（2025）「ESAT-Jが英語の教室にもたらす効果」『英語教育』2025年2月号2-3頁

（第九章）

公益財団法人日本英語検定協会　TEAP　https://www.eiken.or.jp/teap/

（全編）

Cairney, Paul,（2020）, Understanding Public Policy Theories and Issues 2nd edition, Bloomsbury Academic

Hogwood, Brian W. and Gunn, Lewis A,（1984）, Policy Analysis for the Real World, Oxford University Press

Sabatier, Paul and Mazmanian, Daniel,（1980）, "The Implementation of Public Policy: A Framework of Analysis", Policy Studies Journal, Vol.8 Special #2, the Journal of the Policy Studies Organization, 1980 No.4, pp538-560

青木栄一（2019）「増税忌避社会における政治主導教育改革の帰結」『教育制度学研究』第26号、2-19頁

青木栄一（編著）（2019）『文部科学省の解剖』東信堂

秋吉貴雄（2007）『公共政策の変容と政策科学』有斐閣

岩崎正洋（2012）『政策過程の理論分析』三和書籍

英語教育協議会／ＥＬＥＣ史編纂委員会編（2013）『英語教育協議会の歩み』

江利川春雄（2018）『日本の外国語教育政策史』ひつじ書房

江利川春雄、斎藤兆史、鳥飼玖美子、大津由紀雄（2014）『学校英語教育は何のため？』ひつじ書房

大津由紀雄・南風原朝和（2023）『高校入試に英語スピーキングテスト？　東京都の先行事例を徹底検証』岩波ブックレット

大津由紀雄、江利川春雄、斎藤兆史、鳥飼玖美子（2013）『英語教育、迫り来る破綻』ひつじ書房

苅谷剛彦（1995）『大衆教育社会のゆくえ―学歴主義と平等神話の戦後史（中公新書）』中公文庫

倉元直樹（編監）（2020）『「大学入試学」の誕生』金子書房

倉元直樹（編監）（2020）『大学入試センター試験から大学入学共通テストへ』金子書房

経済団体連合会（2000）『グローバル化時代の人材育成について』https://www.keidanren.or.jp/japanese/policy/2000/013/index.html

経済同友会（2013）「実用的な英語力を問う大学入試の実現を：初等・中等教育の英語教育改革との接続と国際標準化」

https://www.doyukai.or.jp/policyproposals/articles/2013/130422a.html

小池生夫（編著）（2013）『提言　日本の英語教育　ガラパゴスからの脱出』光村図書

合田哲雄（2020）「アイディアとしての『Society 5.0』と教育政策」『教育制度学研究』第27号 東信堂

佐藤郁哉（2019）『大学改革の迷走』ちくま新書

下村博文（2016）『教育投資が日本を変える　すべての人にチャンスがある社会を！』PHP研究所

鈴木寛、南風原朝和（2020）「それでも入試改革が必要な理由」『中央公論』2020年2月号

須藤爽（2022）「大学入試改革から見る英語教育政策の現状と課題」『学習院大学英文学会誌（2022）』45-65頁

レオナード・J・ショッパ（2005）『日本の教育政策過程　1970〜80年代教育改革の政治システム』三省堂

寺沢拓敬（2014）『「なんで英語やるの？」の戦後史−《国民教育》としての英語、その伝統の成立過程』研究社

寺沢拓敬（2015）『「日本人と英語」の社会学 ——なぜ英語教育論は誤解だらけなのか』研究社

寺脇研（2013）『文部科学省』中公新書ラクレ

寺脇研（2017）『国家の教育支配がすすむ』青灯社

東北大学高度教養教育・学生支援機構編（2016）『高大接続改革にどう向き合うか』東北大学出版会

鳥飼玖美子（2014）『英語教育論争から考える』みすず書房

鳥飼玖美子（2018）『英語教育の危機』筑摩書房

「21世紀日本の構想」懇談会（2000）『日本のフロンティアは日本の中にある―自立と協治で築く新世紀』講談社

中村恵佑（2018）「「政策の窓」モデルを用いた大学入試政策の分析可能性」『日本教育政策学会年報』第25号184-194頁

中村恵佑（2023）『大学入試の共通試験改革をめぐるポリティクス「拒否権プレイヤー論」による政策過程分析』東京大学出版会

南風原朝和（編著）（2018）『検証　迷走する英語入試』岩波ブックレット

平泉渉、渡部昇一（1975）『英語教育大論争』文藝春秋

朴澤泰男（2016）『高等教育機会の地域格差―地方における高校生の大学進学行動』東信堂

前川喜平、寺脇研（2017）『これからの日本、これからの教育』ちくま新書

松岡亮二（2019）『教育格差』ちくま新書

宮本友弘（編）（2020）『変革期の大学入試』金子書房

山内太地、本間正人（2016）『高大接続改革』ちくま新書

横山晋一郎（2020）「大学入試改革の蹉跌」『教育時評』第50号、10-15頁

読売新聞教育部（2016）『大学入試改革―海外と日本の現場から』中央公論新社

渡辺敦司（2020）「大学入試共通テスト　民間試験活用はどこでこじれたか」『英語教育』2020年3月号 大修館書店

- 本文において、出典を明記していない分析や考察は筆者の責任のもとで記述されているものである。
- 在職中であり、執筆料については辞退する旨、出版社に了解いただいている。

ESAT-Jに関する情報は、東京都教育委員会のHP「【特設ページ】中学校英語スピーキング・テスト（ESAT-J）」に掲載されているので、参照していただきたい。

問い合わせ

東京都教育庁グローバル人材育成部
国際教育企画課

電　話 ● 03-5320-6865

メール ● S0311301@section.metro.tokyo.jp

著者略歴

瀧沢佳宏 （たきざわ・よしひろ）

東京都教育庁教育監、東京都教職員研修センター所長。
都立高等学校の英語科教員、管理職、米国カリフォルニア
州派遣等を経て、東京都教育庁に勤務。高校教育や教員
採用、オリンピック・パラリンピック教育等のほか、おもに英語
教育・国際教育や高校改革を担当。都独自の留学制度の
創設やTokyo Global Gatewayの設立、ESAT-Jの導入、
国際バカロレア校の設置などに携わる。令和6 (2024) 年4月
から現職。北陸大学経済経営学部講師、京都橘大学通信
教育心理学科講師、早稲田大学総合研究機構総合政策科
学研究所招聘研究員。

スピーキング・テストはなぜ、東京都の生徒の英語力を向上させているのか?

発行日　2025年4月30日　初版第1刷発行

著　　　者　瀧沢佳宏

発　行　者　秋尾弘史

発　行　所　株式会社育鵬社
　　　　　　〒105-0022
　　　　　　東京都港区海岸1-2-20 汐留ビルディング
　　　　　　電話 03-5843-8395（編集）http://www.ikuhosha.co.jp/
　　　　　　株式会社扶桑社
　　　　　　〒105-8070
　　　　　　東京都港区海岸1-2-20 汐留ビルディング
　　　　　　電話 03-5843-8143（メールセンター）

発　　　売　株式会社扶桑社
　　　　　　〒105-8070
　　　　　　東京都港区海岸1-2-20 汐留ビルディング（電話番号は同上.)

装　　　丁　新 昭彦（ツーフィッシュ）

ＤＴＰ制作　株式会社ビュロー平林

印刷・製本　サンケイ総合印刷株式会社

定価はカバーに表示してあります。
造本には十分注意しておりますが、落丁・乱丁（本のページの抜け落ちや順序の間違い）の場合は、小社メールセンター宛にお送りください。送料は小社負担でお取り替えいたします（古書店で購入したものについては、お取り替えできません）。なお、本書のコピー、スキャン、デジタル化等の無断複製は著作権法上の例外を除き禁じられています。本書を代行業者等の第三者に依頼してスキャンやデジタル化することは、たとえ個人や家庭内での利用でも著作権法違反です。

©Yoshihiro Takizawa 2025
Printed in Japan ISBN 978-4-594-09704-2

本書のご感想を育鵬社宛にお手紙、Ｅメールでお寄せください。
Ｅメールアドレス　info@ikuhosha.co.jp